Sociedade Vigiada

Sociedade Vigiada

organizado por
Ladislau Dowbor

Autonomia Literária
e Outras Palavras
2020

Coordenação editorial:
Cauê Ameni, Hugo Albuquerque & Manuela Beloni

Conselho editorial:
Carlos Sávio Gomes (UFF-RJ), Edemilson Paraná (UFC/UNB), Esther Dweck (UFRJ), Jean Tible (USP), Leda Paulani (USP), Luiz Gonzaga de Mello Belluzzo (Unicamp-Facamp), Michael Löwy (CNRS, França) e Pedro Rossi (Unicamp)

Preparação e revisão técnica:
Antônio Martins

Edição:
Cauê Ameni

Capa e diagramação:
sobinfluencia/Rodrigo Corrêa

Dados Internacionais de Catalogação na Publicação (CIP)
(eDOC BRASIL, Belo Horizonte/MG)

S678 Sociedade vigiada / Vicente Argentino Neto... [et al.]; organizador Ladislau Dowbor. – São Paulo, SP: Autonomia Literária, 2020.
14 x 21 cm

ISBN 978-65-87233-14-7

1. Ciências sociais. 2. Controle social. 3. Sociedade da informação. I. Dowbor, Ladislau.
CDD 303.4833

Elaborado por Maurício Amormino Júnior – CRB6/2422

Rodrigo Corrêa e Manuela Beloni

EDITORA AUTONOMIA LITERÁRIA

Rua Conselheiro Ramalho, 945
01325-001 - São Paulo-SP
autonomialiteraria@gmail.com
autonomialiteraria.com.br

SUMÁRIO

A sociedade vigiada

Introdução

Ladislau Dowbor[1]

> *O capitalismo de vigilância precisa ser reconhecido como uma força profundamente antidemocrática.*[2]
>
> **Shoshana Zuboff**

A invasão da privacidade é hoje avassaladora, mas as pessoas em geral ainda estão pouco informadas ou indiferentes. Na rotina e monotonia do nosso cotidiano, nos pequenos embates da vida, a quem interessará bisbilhotar o que conosco acontece? A realidade é que interessa, e muito. A pessoa comum vai sentir de repente o impacto das informa-

1 Economista e professor titular de pós-graduação da Pontifícia Universidade Católica de São Paulo (PUC-SP). Foi consultor de diversas agências das Nações Unidas, governos e municípios, além de várias organizações do sistema "S". É colaborador de Outras Palavras e autor e co-autor de cerca de quarenta livros. Seu mais recente livro publicado "A Era do Capital Improdutivo – A nova arquitetura do poder" (Autonomia Literária, 2017) já é um best-seller. Parte de sua produção intelectual está disponível na página www.dowbor.org.

2 "Surveillance capitalism must be recokoned as a profundly antidemocratic social force" – Shoshana Zuboff, *The Age of Surveillance Capitalism*, Public Affairs, New York, 2019, p. 515

ções pessoais apropriadas por diversos sistemas ao buscar um emprego, ao abrir uma conta ou um crediário, ao pedir um visto, ao contratar um seguro ou um plano de saúde, ao tentar se proteger de ataques online e *bullying* cibernético. E ainda poderá constatar que pagou mais caro, numa compra online, do que outras pessoas pagaram, simplesmente porque o algoritmo constatou que o produto lhe é mais necessário, e que provavelmente estará disposta a desembolsar mais: chamam isso de discriminação de preço. A informação detalhada sobre a nossa pessoa, com nome, endereço e detalhes íntimos, na mão de poderosas instituições ou simplesmente de irresponsáveis, pode afetar profundamente as nossas vidas. E o sistema não esquece. Qualquer imagem comprometedora da alguma bobagem de juventude ficará gravada no nosso perfil para sempre.

O primeiro ponto é que as tecnologias tornaram a invasão da privacidade simples e barata. Na era da informática, ter informações detalhadas sobre milhões de pessoas não representa nenhum problema técnico. Os algoritmos permitem o tratamento e cruzamento de dados de tal maneira que se torna fácil para agentes interessados, sejam governos, empresas ou organizações criminosas, individualizar as informações para focar apenas uma pessoa, ou uma família, ou um grupo de trabalhadores de uma empresa, ou um tipo de doente e assim por diante.

A invasão de privacidade pode igualmente ter caráter estratégico nas áreas política e econômica. A NSA gravar conversas privadas entre Angela Merkel e Dilma Rousseff constitui um instrumento de política internacional – inclusive permite repassar as informações para outras instituições interessadas de outros países, pequenos favores que se fazem. Acessar as conversas internas de governos antes de reuniões internacionais, para conhecer de antemão as propostas que virão à mesa em reuniões internacionais, constitui uma vantagem estratégica que provocou protestos de países da União Europeia. Invadir os computadores da Petrobrás para ter acesso aos dados sigilosos sobre reservas do Pré-Sal configura espionagem política e industrial com impactos evidentes. Não é apenas a privacidade individual e pessoal que está em jogo.

Por trás desse acelerado processo de transformação está, naturalmente, a tecnologia. Os avanços são absolutamente impressionantes, e as transformações ultrapassam radicalmente em ritmo os lentos passos da legislação, da regulamentação, da própria mudança cultural. Os envelopes podiam ser fechados e lacrados, os dossiês podiam ser guardados em cofres, as portas de uma reunião podiam ser trancadas, as fotos íntimas ou simplesmente familiares dormiam na paz dos álbuns. Hoje tudo são sinais magnéticos, informações imateriais acessíveis por toda parte e passíveis de serem armazenadas, tratados com tecnologias de Big Data, analisados por meio de algoritmos, transmitidos para todas as partes do planeta em instantes. As técnicas de reconhecimento facial por meio de câmeras instaladas nas ruas de numerosas cidades já estão causando indignação. O próprio George Orwell não imaginaria o que o Big Brother de *1984* poderia ser, que dirá com as tecnologias de 2020.

O processo é profundamente assimétrico. Enquanto indivíduos, somos radicalmente vulneráveis. Mas os gigantes que manejam o sistema, seja em níveis governamentais (como por exemplo a NSA nos Estados Unidos ou a GCHQ na Grã-Bretanha, por onde passa o essencial dos fluxos de informação do mundo), seja em gigantes da informação como Facebook, Alphabet (Google), Microsoft, Apple, Amazon, Verizon e poucos mais constituem, para o comum dos mortais, caixas pretas. A não ser em momentos de raros vazamentos heroicos como os arquivos revelados por Edward Snowden, ou as iniciativas de Julian Assange, a população em geral não tem ideia do que acontece com as informações, e encontra-se na realidade impotente. Só conhecerá a extensão do problema justamente, como vimos, quando for pedir um emprego, um visto e assim por diante.

Em grande parte, somos nós mesmos que alimentamos essas cadeias de informação, através das nossas conversas online, dos arquivos que guardamos nos nossos computadores, das inúmeras mensagens e fotos nas mídias sociais, dos *likes* que traçam o nosso perfil, de cada informação comercial quando pagamos com o cartão de crédito, de cada medicamento que adquirimos na farmácia, dos nossos registros nos hospitais. Hoje nada escapa, tudo deixa rastros que, uma vez cruzados, servem aos mais variados fins de instituições que estão acima de nós, e sobre as quais nossas informações são praticamente nulas.

Não há como não ver também os lados positivos da maior abertura de informações e de uma maior transparência. Com a pandemia do COVID-19, ficamos impressionados com a capacidade dos algoritmos, que, ao identificarem uma pessoa contaminada identificada, reconstitum em poucos minutos todos os contatos, locais, pessoas que o doente visitou, e criam uma bolha de quarentena de todos em situação de risco. As tecnologias de reconhecimento facial inclusive permitem localizar as pessoas até em lugares públicos.

Nos países nórdicos, as declarações de impostos são abertas e acessíveis, o que reduz radicalmente a dimensão da corrupção. As conversas gravadas e divulgadas pelo *Intercept*, demonstrando a deformação profunda dos procedimentos jurídicos no quadro da Lava-Jato, permitem evidenciar as manipulações. O acesso aos arquivos hospitalares e registros dos doentes permite realizar análises mais profundas sobre a eficácia de diversos tipos de tratamentos. A Amazon analisa as minhas compras de livros e me sugere livros de perfil semelhante.

Mas é isso que eu quero? A transparência maior nos países escandinavos leva os capitais a migrarem para paraísos fiscais, o Deep Mind da Google admitiu uso ilegal de informações pessoais de doentes nos hospitais britânicos, o fato de a Amazon me empurrar livros semelhantes tende a me trancar numa bolha de repetição de opiniões parecidas. O uso de informações individualizadas para fins eleitorais, tanto na eleição do Trump, como no Brexit da Inglaterra, e evidentemente no Brasil, levou a uma deformação profunda do processo eleitoral. O escândalo do Cambridge Analytica permite hoje entender a profundidade e amplitude do processo, e a ameaça que isso representa para a democracia. O reconhecimento facial em lugares públicos veio para ficar, com milhões de câmeras.

Imaginamos sempre, com otimismo, sociedades em que o uso das nossas informações seria de certa forma controlado e regulamentado. Não é mais o mundo em que vivemos. Há uns tempos em Tunis, me encontrei com jovens que tinham participado da Primavera Árabe, tendo conseguido, inclusive com ampla comunicação pelas redes sociais, se mobilizar para derrubar a ditadura. Voltando a vê-los alguns anos depois, com novo governo forte, relataram que hoje o regime tem todas as informações das redes, dos organizadores, das amizades, inclusive com o conteúdo das mensagens trocadas. Devemos pensar não só o que fazem com as nossas informações, mas também o que poderão fazer.

Na realidade, a explosão mundial de acesso às informações e de invasão de privacidade ainda anda à procura tanto das respostas técnicas, com criptografia, antivírus e semelhantes, como de um sistema de regulação, de codificação de limites. É um mundo novo que se descortina, com oportunidades e ameaças. Por enquanto, claramente, quem está ganhando são as ameaças.

Nesta sociedade vigiada para a qual avançamos a passos largos, entender as dinâmicas torna-se muito importante, inclusive para acompanhar os novos marcos legais que estão sendo desenhados para nos proteger.

Neste pequeno livro, tentamos abordar alguns temas chave, resultado de uma pesquisa que realizamos no quadro da pós-graduação em Administração da PUC de São Paulo, com o apoio de pesquisadores da USP. Não é um texto de grandes complexidades, mas que dará sim ao leitor uma dimensão básica dos aspectos técnicos e jurídicos, formas de se proteger, a evolução das principais tendências, as novas legislações protetivas.

Waldir Mafra apresenta a dimensão geral do desafio, a privacidade como direito humano, inclusive inscrito na nossa Constituição: "São invioláveis a intimidade, a vida privada, a honra e a imagem das pessoas, assegurado o direito a indenização pelo dano material ou moral decorrente de sua violação." (Art. 5º) Mas o que a Constituição proibe, as tecnologias permitem, e em escala impressionante. O desequilíbrio é claro.

O capítulo de Vicente Argentino está centrado na evolução da base de regulamentação com a qual as sociedades buscam se proteger, restabelecendo um certo equilíbrio entre os gigantes da informação e a nossa fragilidade individual. É essencial a definição do que constituem "dados pessoais", e os limites da invasão. A análise da legislação recente nos EUA, na União Européia e no Brasil mostra as dificuldades de se controlar plataformas mundiais com leis locais. Este capítulo interessará em particular a empresas que terão de se adaptar ao novo marco regulatório.

O trabalho de Pedro Kelson apresenta em termos simples os principais mecanismos de invasão da privacidade e manipulação dos dados, com uso de psicometria, análise de Big Data, publicidade segmentada e semelhantes. Fica explícita a visão de Inácio Ramonet, de que mais eficiente do que os cassetetes e jatos d'água das forças de segurança são as novas armas de vigilância, que permitem identificar as lideranças de grupos não hegemônicos e tirá-las de campo antecipadamente. Os diversos mecanismos utilizados em diferentes países dão ao leitor a dimensão dos desafios.

Arlindo Rodrigues discute os riscos envolvidos na perda do controle sobre as informações pessoais da sociedade civil e as ferramentas utilizadas nessa apropriação indébita pelas corporações e pelo Estado. Elenca desde as ferramentas de vigilância massiva até a formação de "bolhas" de opinião política. Detalha também as inúmeras atividades por meio das quais inadvertidamente alimentamos os bancos de dados que irão permitir desde sistemas indivualizados de influência até ataques pessoais como o *cyberbullying.*

José Roberto de Mello Franco Júnior entra mais profundamente nas dimensões técnicas de como nos podemos proteger da invasão, quando somos todos os dias submetidos a uma barganha: qualquer produto que acessamos online nos sugere que o autorizemos a instalar cookies, a disponibilizar informações. Na falta de opções, e precisando avançar no que pesquisamos, não temos opção senão dar o nosso acordo, inclusive confirmando que "lemos e estamos de acordo" com o que o clique significa. Quem é que alguma vez leu as dezenas de páginas que definiriam com o quê estamos de acordo? Mas no essencial, o capítulo de José Roberto detalha as diversas formas de nos proteger, desde o elementar para amadores, até o sofisticado para quem quer se proteger de forma mais rigorosa. Links para as principais ferramentas de proteção darão ao leitor, seja pessoa física ou empresa, instrumentos práticos para se defender.

Bruno Bioni e Rafael Zanatta fecham o volume com um estudo acadêmico, em profundidade, das transformações em curso na área do que é hoje a batalha mundial em torno da economia da informação. Apoiam-se inclusive no recente aporte fundamental de Shoshana Zuboff, sobre a sociedade vigiada. Revisando as discussões nos Estados Unidos, na União Européia e no Brasil, inclusive sobre a nossa recente Lei Geral de Proteção de Dados Pessoais, os autores nos fornecem um instrumental particularmente rico para aprofundar as pesquisas, com notas e links para os principais documentos internacionais.

No conjunto, visamos com o presente livro dar ao leitor instrumentos práticos, ou ferramentas, para se situar neste campo essencial da economia da informação, que traz novos desafios e também novas ameaças. O que não podemos é deixar de entender do que se trata. Bibliografias muito ricas no final de cada capítulo asseguram que o presente texto constitua inclusive um ótimo instrumento para avançar para pesquisas ulteriores, segundo o interesse do leitor. Como os diversos autores tiveram acesso aos trabalhos uns dos outros, além das discussões em grupo, acreditamos colocar nas mãos da comunidade de interessados um texto coerente e articulado. Boa leitura.

A privacidade como direito fundamental da pessoa humana

Waldir Ap. Mafra[3]

3 Economista e técnico contábil, especialista em finanças corporativas pela Escola de Economia da Fundação Getúlio Vargas de São Paulo, membro do comitê do 3o Setor do IBGC - Instituto Brasileiro de Governança Corporativa. Conselheiro de Direitos Humanos pela Secretaria Especial dos Direitos Humanos do Governo Federal. É Gerente de Controladoria da Liga Solidária e Mestrando em Administração da PUC-SP.

Fica decretado que agora vale a verdade,
agora vale a vida, e de mãos dadas,
marcharemos todos pela vida verdadeira.

Thiago de Mello, *Os Estatutos do Homem*

Como veremos, o tema da privacidade afeta nossas vidas muito mais do que poderíamos esperar. E, a despeito de nossa vontade, o anonimato e uma vida livre de intromissões parecem possibilidades cada dia mais distantes.

Poderíamos nos perguntar então: até onde vai o direito e a liberdade que temos sobre aquilo que consideramos íntimo e bastante particular para nós mesmos? A privacidade deve ser vista como um direito? O que são Direitos Humanos e em que medida o tema privacidade se insere em seus conceitos mais básicos?

Um olhar atento para o decorrer da HJistória nos traz exemplos de cidadãos e cidadãs que preferiram a radicalidade da morte a viver escravizados, desrespeitados e sem as condições necessárias para um destino digno, um futuro de iguais oportunidades de desenvolvimento e liberdade. Não foram poucos os que dedicaram sua existência para que a humanidade se tornasse um espaço de comunhão respeitosa e fraterna para todos e todas. Poderíamos dedicar aqui páginas inteiras para citar apenas alguns nomes dessa gente que fez da dignidade humana sua bandeira de existir e de coexistir: Gandhi, Luther King, Mandela, Rosa Parks, Tereza de Calcutá, Santo Dias, Zumbi dos Palmares, Chico Mendes, Dorothy Stang e tantos outros e outras. São nomes escritos na história das lutas pelos mínimos direitos da pessoa humana. E foi, sem dúvida, pelo exemplo, senão pelo próprio sangue dessas pessoas, de suas comunidades e de suas bandeiras, que suas vozes começaram a ser ouvidas e suas utopias incorporadas nas estruturas das sociedades de seu tempo. Se não como cultura, princípios e valores entranhados em suas relações, pelo menos pelo respeito às leis e às normas de seus países.

Essas lutas intensas por respeito à vida e à liberdade de pessoas e comunidades culminaram no que conhecemos hoje por Direitos Fundamentais da Pessoa Humana. As conquistas delas decorrentes deram-se por etapas e esses direitos foram reconhecidos pouco a pouco e sob forte pressão da sociedade civil. Desta forma, foram se desenhando e se estruturando como um conjunto diverso e multifacetado de garantias individuais e coletivas, como parte indissociável da natureza das pessoas, bem como inseparáveis, indivisíveis e indispensáveis para uma coexistência justa, igualitária, fraterna e solidária na grande comunidade humana.

Dentre essa imensa diversidade de direitos que, por serem inseparáveis e indivisíveis em sua essência, tornam-se únicos, foca-se neste trabalho o tema da Privacidade : o direito que o indivíduo tem de controlar as informações que se encontram no âmbito de sua intimidade, de dispor de sua imagem, de seus segredos e hábitos segundo sua vontade e sua disposição, bem como o direito de não ser incomodado e invadido naquilo que tem de particular, de pessoal e que somente a si interessa e a mais ninguém.

Como veremos, o Artigo XII da Declaração Universal dos Direitos Humanos, promulgada em 1948 pela Assembleia Geral das Nações Unidas, deve ser comparado com o Artigo 5º da

Constituição da República Federativa do Brasil, que determina a inviolabilidade do direito à vida, à liberdade, à igualdade, à segurança e à propriedade. "São invioláveis a intimidade, a vida privada, a honra e a imagem das pessoas, assegurado o direito à indenização pelo dano material ou moral decorrente de sua violação".[4]

Para que a reflexão que propomos alcance seu fim, após a definição do que seja privacidade, serão abordados conceitos relativos aos direitos humanos em sua trajetória histórica, elencando suas conquistas e materialização, até chegar às considerações que nos interessam sobre o que seja a Privacidade como direito inalienável da pessoa humana.

O que é Privacidade

O dicionário Aurélio[5] indica que o termo tem a ver com a intimidade pessoal ou de grupo definido de pessoas. Ou seja, o conceito está relacionado com aquilo que é particular, reservado, secreto, que só interessa a nós mesmos, sendo que ninguém pode invadir esse íntimo espaço. Logo temos o dever de repudiar, segundo essa lógica, todo e qualquer argumento que vise justificar a violação desse íntimo e legítimo espaço que nos é pessoal por direito.

No endereço eletrônico www.usr.inf.ufsm.br da Universidade Federal de Santa Maria - RS (acesso em 30/05/2017) encontramos que, "por privacidade entende-se o direito de cada indivíduo de manter e controlar o conjunto de informações que o cerca, podendo decidir se, quando, por que e por quem essas informações podem ser obtidas e utilizadas. Esse conjunto de informações inclui desde o seu modo de vida, suas relações familiares e afetivas, os segredos, os pensamentos, os hábitos, os fatos e até mesmo os planos de futuro. Privacidade envolve o direito de permanecer livre de intrusos e autônomo".

4 A palavra de Rubem Fonseca. Direitos Humanos no Cotidiano. Pag. 138.
5 Em https://dicionarioaurelio.com/privacidade (acesso em agosto 2017).

A Wikipedia (**https://pt.wikipedia.org/wiki/Privacidade**) amplia um pouco mais o conceito:

> "Privacidade (calcado no inglês privacy) é o direito à reserva de informações pessoais e da própria vida privada: *The right to be alone* ("o direito de ser deixado em paz")". O jurista norte americano Louis Brandeis, que foi provavelmente o primeiro a formular o conceito de direito à privacidade juntamente com Samuel Warrem, inspirou-se na leitura da obra do filósofo Ralph Waldo Emerson, que propunha a solidão como critério de fonte de liberdade. Pode ser também entendida como o direito de controlar a exposição e a disponibilidade de informações acerca de si. Relaciona-se com a capacidade de existir na sociedade de forma anônima.

A noção de privacidade pessoal surge entre os séculos XVII e XVIII. Naquele tempo as construções comeparam a oferecer quartos privados, passou a fazer sentido a elaboração de diários pessoais, entre outras mudanças nos comportamentos das pessoas em relação a si próprias. Desde então, a privacidade atravessa um percurso que vai da inexistência "forçada" à abolição espontânea, passando pelo fortalecimento do senso coletivo de privacidade. Hoje, segundo a comunicadora argentina Paula Sibilia, vivemos a "intimidade como espetáculo", ou seja, a privacidade inserida na sociedade do espetáculo, situação ilustrada por fenômenos de mídia e comportamento – redes sociais, reality shows (Big Brother e similares), biografias e revistas de fofocas. De acordo com a autora, as pessoas abdicam espontaneamente da sua privacidade, movidas pela necessidade de obter destaque e reconhecimento.

Daí se conclui que o indivíduo tem o direito à solidão; ao que é recôndito (oculto, inclusive); a ser totalmente ignorado e a viver, até onde lhe for possível, no anonimato. O direito de estar só se relaciona com o direito de fazer as próprias escolhas, ou seja, com a liberdade de reconhecer-se único e em particular, quando e onde achar por bem.

A dignidade do ser humano leva em conta esse conceito de individualidade, de particularidade, de singularidade, de intimidade que não pode ser invadida seja a que pretexto for. A perda dessa liberdade afeta a própria existência, pois – ainda que sejamos seres sociais e sociáveis. Ainda que necessitemos uns dos outros para sobreviver, essa necessária relação deve estar sempre subordinada a uma vontade ou a uma disposição do próprio indivíduo, que jamais deve ser obrigado a ceder o inalienável direito de estar a sós.

A pessoa que não tem o direito à solidão voluntária e livre de constrangimentos, que não encontra espaço em sociedade para viver sua individualidade, não é uma pessoa livre. Logo, o direito à privacidade é uma condição para a realização do ser humano como ser livre e autônomo em toda a sua plenitude: "privacidade envolve não só intimidade e vida privada, mas é a exacerbação desses direitos, que são inerentes à pessoa humana. O respeito à privacidade não depende de declaração constitucional, mas do reconhecimento de que, sem privacidade, não temos pessoa humana, mas *homo sapiens* exposto em zoológico social. Basta nos lembrarmos de animais em cativeiro sendo observados, a expressão de medo em seus olhos e a dúvida sobre o que acontecerá ou o que o observador fará com eles. Da mesma forma, a privacidade deve ser um direito que extrapole a intimidade e proteja o ser humano, evitando o medo e a degradação de ser um animal em exposição, facilmente humilhado e controlado" (TOALDO, NUNES e MAYNE, 2002).

O que é a Dignidade da Pessoa Humana

Tudo o que é produzido tem seu valor, ou seja, tudo que o homem produz de material para seu consumo e existência tem um preço ou uma medida que se pode expressar em moeda. Se recorrermos ao marxismo em sua Teoria do Valor do Trabalho "a verdadeira medida do valor de alguma coisa depende não das forças de mercado, mas do trabalho necessário para produzi-la"[6], ou seja, as "coisas" adquirem valor pelo que têm de trabalho socialmente necessário para sua construção ou idealização.

Ocorre que, ao falar de dignidade, estamos falando de algo distante daquilo que se pode traduzir em valor de uso ou de troca. Estamos nos referindo a uma característica que as pessoas, os seres humanos têm.

O filósofo alemão Immanuel Kant foi um dos primeiros a se preocupar, pelo que sabemos, com a definição do que seja a Dignidade Humana. Kant reconhecia que ao homem não se pode atribuir um preço, um homem não pode ser vendido ou avaliado em termos de valor monetário, justamente porque, diz um dos mais influentes filósofos alemães, o homem deve ser considerado um fim em si mesmo, nunca um meio para atingimento de qualquer fim. Dizer que o homem se constitui como um "fim em si mesmo" significa afirmar sua primazia em relação a qualquer outro ser e, para, além disso, significa dotá-lo de uma dignidade tal como diz Guilherme Prado B Haro: "No conceito de Dignidade da Pessoa Humana estão contidos, portanto, todos os Direitos e Garantias Fundamentais – não há nenhum que lhe escape. A Dignidade do Gênero Humano pode ser comparada ao Universo, é infinita, no sentido de que pode ter seu conceito ampliado cada vez mais, dependendo da evolução moral do homem e do constante respeito a seus direitos fundamentais".

Ingo W Sarlet, juiz e professor de Direito Constitucional brasileiro, traz uma rara definição sobre a dignidade humana. Defende que cada ser humano, por sua essência, é merecedor de respeito e consideração por parte do Estado e de sua comunidade: "por dignidade da pessoa humana entende-se a qualidade intrínseca e distintiva de cada ser humano, que o faz merecedor do mesmo respeito e consideração por parte do Estado e da comunidade, implicando, neste sentido, um complexo de

6 *Dicionário de Sociologia,* Allan G Johnson,1995, PG 249.

direitos e deveres fundamentais que assegurem a pessoa tanto contra todo e qualquer ato de cunho degradante e desumano, como venham a lhe garantir as condições existenciais mínimas para uma vida saudável, além de propiciar e promover sua participação ativa e corresponsável nos destinos da própria existência e da vida em comunhão com os demais seres humanos".

A Dignidade Humana é, então, uma característica que nos torna, os seres humanos, únicos e dotados de direitos inalienáveis, sem os quais a existência como tal e a convivência entre os seus será impossível. Isto significa que ela deve ser protegida de quaisquer tipos de ameaças e tentativas de reduzi-la em sua importância, o que quer dizer que a sua proteção e respeito constitui-se como um dever do Estado e de toda a comunidade para consigo mesma.

O que são Direitos Humanos

De acordo com o jurista Dalmo de Abreu Dallari: "a expressão Direitos Humanos é uma forma abreviada de mencionar os direitos fundamentais da pessoa humana. Esses direitos são considerados fundamentais porque sem eles a pessoa humana não consegue existir ou não é capaz de se desenvolver e de participar plenamente da vida".

A ONU define os Direitos Humanos como "garantias jurídicas universais que protegem indivíduos e grupos contra ações ou omissões dos governos que atentem contra a dignidade humana".

Os Direitos Humanos, inicialmente proclamados na Declaração de Direitos da Virgínia com a independência Americana em 1776 e na Declaração dos Direitos do Homem e do Cidadão da Revolução Francesa de 1789, foram ratificados em 1948 pela Assembleia das Nações Unidas. Como resultado, surgiu a Declaração Universal dos Direitos do Homem. Esta preceitua, em seu Artigo 1° que: "Todos os seres humanos nascem livres e iguais em dignidade e em direitos. Dotados de razão e de consciência, devem agir uns para com os outros em espírito de fraternidade".

Pelo exposto na declaração das Nações Unidas, no que diz respeito às suas liberdades individuais, homens e mulheres nascem em total condição de igualdade. Com o passar dos anos, entretanto, e de acordo com a forma com que estes se organizam em sociedade, as diferenças vão aparecendo e se intensificando até se tornarem absolutamente inaceitáveis. Homens e mulheres nascem livres e iguais em sua dignidade. A ninguém, de acordo com a ONU, seja em função de sua raça, cor, credo, condição social ou econômica ou qualquer outra condição, é dada a prerrogativa de agir de forma insidiosa ou desrespeitosa para com seu semelhante, e se por alguma razão o fizer, deverá ser responsabilizado pelos prejuízos que causar ao que foi desrespeitado.

O "espírito de fraternidade" de que faz menção a referida declaração vai muito além de uma norma de conduta social. É nele e é a partir dele que encontraremos o elo que nos falta, como comunidade humana, para transformarmos as visões excludentes e etnocêntricas,[7] de uns em relação aos outros, numa visão acolhedora das ricas diferenças de cultura e de modos particulares de viver e conviver em sociedade.

Gerações ou Dimensões dos Direitos Humanos

Ainda que se admita a pertinência da crítica em relação aos estudos dos Direitos Humanos, determinando sua evolução a partir de dimensões ou gerações históricas[8], para efeitos de

---

7 O termo é definido por Everardo Rocha como "uma visão do mundo onde o nosso próprio grupo é tomado como centro de tudo e todos os outros são pensados e sentidos através de nossos valores, nossos modelos e nossas definições do que é a existência. No plano intelectual, pode ser visto como a dificuldade de pensarmos a diferença; no plano afetivo, como sentimentos de estranheza, medo, hostilidade, etc. "

8 Crítica à classificação doutrinária feita pelo professor Antonio Augusto

melhor compreensão didática este trabalho adota a classificação comumente utilizada na literatura dos Direitos Humanos em gerações ou dimensões.

Seguindo essa metodologia, podemos afirmar que o estabelecimento de um rol desses direitos, como foi dito na introdução deste trabalho, não ocorreu de forma imediata e única e sem muita reflexão e lutas por parte de pessoas e grupos que se entendiam subjugados em sua dignidade. Os Direitos Humanos foram conquistas graduais um tanto sofríveis e consequência de movimentos reivindicatórios muitas das vezes violentos e incessantes.

Desta forma, como afirma Vasak (1979), as diversas "gerações"[9] de Direitos Humanos referem-se à evolução histórica dos direitos fundamentais da pessoa humana, sendo que as três primeiras gerações são baseadas no lema da Revolução Francesa – Liberdade, Igualdade e Fraternidade, como mostra o quadro a seguir:

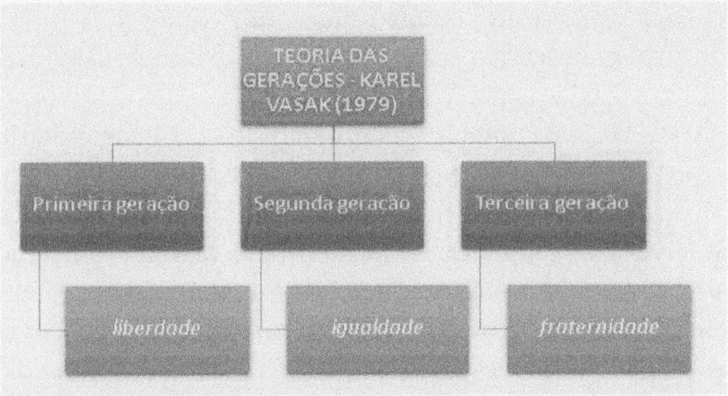

Fig. 01 - Teoria Geral de Karel Vasak (1979)

Cançado Trindade, professor honorário do Instituto Brasileiro de Direitos Humanos, que defende a ideia de que a fragmentação da história dos Direitos Humanos em gerações é incompatível com a complexidade do Direito, na medida em que os Direitos Humanos, na sua concepção, são indivisíveis e inter-relacionados.

9 No ano de 1979, o jurista Karel Vasak proferiu um discurso em que buscou dividir a perspectiva histórica de entendimento dos direitos humanos em gerações, usando como referência os princípios da Revolução Francesa.

A primeira geração de Direitos Humanos trata das liberdades individuais civis, tais como o direito à vida e dos direitos políticos de participação nas decisões públicas. Esta primeira geração foi o resultado das revoluções liberais fundamentadas nos ideais iluministas e em oposição à opressão do Estado, buscando a transição do Estado absolutista para o Estado liberal. São desta linha de pensamento e forte influência John Locke e Jean Jacques Rousseau, que discorreram ambos sobre os direitos naturais do homem. Também denominados direitos de cunho negativo por exigirem diretamente uma abstenção do Estado na vida privada dos cidadãos e cidadãs, seu principal destinatário. São direitos que buscam assegurar ao homem a sua autonomia em relação à sua própria vida e destino, vedando a esse mesmo Estado qualquer imposição naquilo que concerne à pessoalidade de cada ser.

O Direito à Privacidade, foco deste trabalho, está contemplado nesta categoria de direitos, na medida em que visa à proteção, como já foi dito, das liberdades individuais.

Como bem observa o já citado jurista brasileiro Ingo W Sarlet: "Os direitos fundamentais (de primeira geração), ao menos no âmbito de seu reconhecimento nas primeiras Constituições escritas, são o produto peculiar do pensamento liberal-burguês do século XVIII, de marcado cunho individualista, surgindo e afirmando-se como direitos do indivíduo frente ao Estado, mais especificamente como direitos de defesa, demarcando uma zona de não intervenção do Estado e uma esfera de autonomia individual em face de seu poder. São, por este motivo, apresentados como direitos de cunho 1negativo', uma vez que dirigidos a uma abstenção, e não a uma conduta positiva por parte dos poderes públicos, sendo, neste sentido, direitos de resistência ou de oposição perante o Estado".

A segunda geração dos Direitos Humanos vem tratar da igualdade entre as pessoas, aborda os direitos sociais (proteção contra o desemprego, condições mínimas de trabalho, assistência em caso de invalidez, aposentadoria e assistência social e saúde), culturais (direito à educação básica) e econômicos.

É nesta segunda geração dos Direitos Humanos que está estabelecido o direito à propriedade como sagrado e absoluto. Ainda que se considere que esse direito à propriedade tenha sido um avanço na consecução dos direitos que começavam a ser assegurados às pessoas em geral, esse mesmo direito, em função da forma com que a sociedade da época era organizada economicamente, acabou tornando-se um privilégio de poucos em detrimento da imensa maioria das pessoas que viviam despojadas de qualquer condição de serem detentoras sequer de um espaço para moradia ou trabalho.

Foram as pressões dessas classes menos favorecidas, exigindo melhores condições de trabalho e de vida, que reduziram os efeitos nefastos decorrentes da Revolução Industrial europeia na segunda metade do século XVIII. Esta oposição ao Estado liberal contribuiu para o surgimento do chamado *Welfare State*[10] ou Estado de Bem-Estar Social, fundado nos ideais comunistas de Marx e Engels, que exigiam desse mesmo Estado de cunho liberal uma melhor distribuição das riquezas produzidas, proporcionando a todos os indivíduos indistintamente melhores condições de trabalho e algumas mínimas garantias para seu sustento e desenvolvimento econômico e social.

Diferentemente dos direitos de primeira geração, que exigem a abstenção do poder do Estado sobre a vida e a personalidade dos cidadãos, os de segunda geração, como direitos denominados de positivos, exigem essa intervenção no sentido de resguardar esses direitos.

---

10 O termo designa, basicamente, o Estado assistencial que tem o dever de garantir padrões mínimos de educação, saúde, habitação, renda e seguridade social a todos os cidadãos. Esse modelo teve seu auge na Europa Ocidental na década de 1960 e sua principal crise e desmonte paulatino, em função da crise fiscal na dificuldade de se compatibilizar os gastos sociais públicos com o crescimento da economia capitalista. Na Grã-Bretanha, a eleição da primeira ministra Margareth Thatcher (pelo Partido Conservador, que governou de 1979 a 1990) representou o marco histórico do desmonte do Welfare State inglês e posteriormente em toda a Europa Ocidental.

A terceira geração dos Direitos Humanos vem tratar da fraternidade ou solidariedade, o direito aos frutos do progresso e do desenvolvimento, o direito de propriedade sobre o patrimônio comum da humanidade e à comunicação, dos direitos dos povos e dos denominados direitos difusos, ou seja, os direitos da coletividade que não se podem individualizar. Referem-se aqui à coletivização dos direitos, incluindo o direito a um ambiente ecologicamente equilibrado.

Após a conceituação da *primeira geração* ou dimensão dos Direitos Humanos com o direito às garantias individuais, os de ***segunda geração*** com os direitos sociais e os de *terceira geração* como o direito de viver em um meio ambiente saudável, e do consumidor, chegamos à *quarta geração dos Direitos Humanos*, que aborda a questão do *Biodireito,* relacionado com proteção da espécie humana ao impedir que seu patrimônio genético seja alterado. Essa geração de direitos aparece na medida em que as inovações tecnológicas em sua extensão e profundidade podem trazer problemas de tal ordem que o ser humano poderá, se não forem tomadas precauções as mais diversas, ter deteriorado seu genoma.

Essa quarta geração também está relacionada com o direito à Informação, bem como com o direito à Democracia. De acordo com Barreto (1994) "esses direitos resultam dos novos conhecimentos e tecnologias resultantes das pesquisas biológicas contemporâneas".

De acordo com essa concepção histórica geracional dos Direitos Humanos, o direito à privacidade está representado desde a primeira geração, que trata especificamente das liberdades individuais. Além da proteção ao direito à citada privacidade, ele também se relaciona com as liberdades de culto e reunião e com a inviolabilidade do domicílio e de consciência.

A privacidade como direito fundamental da Pessoa Humana

O Artigo 12 da Declaração Universal dos Direitos Humanos: "a) abarca um conjunto de direitos do ser humano: o direito à vida privada, à correspondência, à honra e à reputação, direitos que podem ser reunidos sob o título mais amplo de "direito à intimidade"; b) proclama a inviolabilidade, ou seja, a não interferência no exercício desses direitos, por outras pessoas ou pelo Estado; e c) reconhece a toda pessoa o direito de ser protegida pela lei contra qualquer interferência ou ataque a esses direitos" [11].

A referida Declaração Universal dos Direitos Humanos proclamada em 1948, determina o segtuinte, em seu Artigo 12 determina o seguinte: "Ninguém está sujeito a interferências na sua vida privada, na sua família, no seu lar ou na sua correspondência, nem a ataques à sua honra e reputação. Toda pessoa tem o direito à proteção da Lei contra tais interferências ou ataques".

De acordo com Rubem Fonseca (1998) "a privacidade de cada um, é assim, sagrada. Colocada objetiva e materialmente na residência, incluindo e amparada afetivamente na família – enquanto laços consanguíneos – e nos laços afetivos, escolhidos voluntariamente, a privacidade comporta uma dimensão especificamente individual. De fato, cada um de nós é refúgio em si mesmo".

Com objetivo de obrigar os países-membros à observância dos direitos da pessoa humana, inclusive desse direito à privacidade, foi firmado o Pacto Internacional dos Direitos Civil e Políticos (PIDCP), que determina em seu Artigo 17 que: "Ninguém poderá ser objeto de ingerências arbitrárias ou ilegais em sua vida privada, em sua família, em seu domicílio ou em sua correspondência, nem de ofensas à sua honra e reputação".

11 *Direitos Humanos no Cotidiano* – página 144.

Foi firmada, também, no âmbito das Organizações dos Estados Americanos (OEA) a Convenção Americana de Direitos Humanos (CADH), conhecida como Pacto de San José da Costa Rica, que prevê em seu Artigo 11, no que se refere ao tema da privacidade, o que segue:

> "1 – Toda pessoa tem o direito ao respeito da sua honra e ao reconhecimento de sua dignidade.
>
> 2 - Ninguém pode ser objeto de ingerências arbitrárias ou abusivas em sua vida privada, em sua família, em seu domicílio ou em sua correspondência, nem de ofensas ilegais à sua honra ou reputação.
>
> 3 - Toda pessoa tem o direito à proteção da lei contra tais ingerências ou tais ofensas."
>
> Ao considerar a privacidade como um direito de não invasão naquilo que é mais íntimo, ou seja, ao não se permitir que informações a nosso respeito sejam expostas publicamente, está se afirmando nossa autonomia em relação ao que somos, ao que temos e ao que nos toca como indivíduos em nossa vida privada. Segundo essa perspectiva, a ninguém é dada a prerrogativa de fazer uso de nossa imagem ou de informações a nosso respeito por qualquer forma, sob pena de flagrante desrespeito ao direito à privacidade.
>
> Segundo Vianna12: "Informações pessoais, pensamentos, ideologias, identidade, ações, imagens, devem estar sob o controle de quem as possui e seu fornecimento obrigatório ou dissimulado é uma restrição a esse direito".

Na área de tecnologia da informação "os avanços trouxeram novas questões no campo do direito à privacidade, uma vez que

12 Cynthia Semiramis Machado Vianna. Fonte: http://direitoinformatico.org/artigos/revistaprivado.htm acesso em 04 de junho 2017.

hoje as formas de coleta, armazenamento, cruzamento e distribuição de dados pessoais, colhidos e gerenciados por diferentes agentes, acerca de um mesmo cidadão, permitem compor perfil pessoal de caráter privado desse cidadão, como jamais anteriormente foi feito. Além disso, a venda de cadastros entre diferentes empresas, a circulação de informações sobre crédito e financiamento, por exemplo, constroem um sistema que protege os interesses de corporações, em detrimento dos pessoais. É importante acrescentar a isso que, por esses mesmos avanços, atualmente é muito mais fácil que em outros tempos fazer "espionagem eletrônica", seja de ligações telefônicas, seja de mensagens por correio eletrônico. O desenvolvimento tecnológico nesse campo tem promovido, ao lado da maior facilidade de comunicação, uma acentuada vulnerabilidade "[13].

Além do artigo 12 da Declaração Universal dos Direitos da Pessoa Humana, a Constituição Federal do Brasil promulgada em 1988, denominada Constituição Cidadã, também preceitua em seu artigo 5 o seguinte:

> "Capítulo I – Dos Direitos e Deveres
> Individuais e Coletivos
>
> Art. 5- Todos são iguais perante a lei, sem distinção de qualquer natureza, garantindo-se aos brasileiros e estrangeiros residentes no País a inviolabilidade do direito à vida, à liberdade, à igualdade, à segurança e propriedade, nos termos seguintes:
>
> "X - São invioláveis a intimidade, a vida privada, a honra e a imagem das pessoas, assegurado o direito a indenização pelo dano material ou moral decorrente de sua violação".

13 Direitos Humanos no Cotidiano – página 143/ 144.

A partir dessa perspectiva, por privacidade entende-se o direito de cada indivíduo de manter e controlar o conjunto de informações que o cerca, podendo decidir se, quando, por que e por quem essas informações podem ser obtidas e utilizadas. Esse conjunto de informações inclui desde o modo de vida, as relações familiares e afetivas, os segredos, os pensamentos, os hábitos, os fatos e até mesmo os planos de futuro. Privacidade envolve o direito de permanecer livre de intrusos e de preservar o anonimato até onde for possível e desejável à própria pessoa.

De um modo muito mais amplo, o direito a privacidade tem sido violado de forma dissimulada por governos e países em relação aos seus cidadãos e cidadãs e aos de outros países. É sabido que países como Estados Unidos, Inglaterra e outros, com o pretexto do combate ao terrorismo, violam sistematicamente a soberania de outras nações, ao conduzir procedimentos de vigilância em massa sobre bilhões de cidadãos e cidadãs no mundo todo.

A violação do Direito à Privacidade em nome do combate ao "terrorismo"

De acordo com o site "Blog de Rafael Zanatta"[14], em 27 de novembro de 2013 a diretora internacional para a liberdade de expressão da *Electronic Frontier Foundation* (EFF) Jullian York e a jurista peruana Katitza Rodrigues publicaram um texto intitulado "Estamos um passo mais perto de acabar com a vigilância em massa" (*We're one step closer to ending mass surveillance*). No texto citado, as autoras celebram uma vitória conquistada na luta contra as violações de direitos humanos estabelecidas pela vigilância em massa.

York e Katitza celebravam o rascunho da resolução "O direito à privacidade na era digital" (*The right to privacy in the digital age*).

14 http://rafazanatta.blogspot.com.br/2013/11/privacidade-e-direitos-humanos-entre.html (acesso em 31 de maio de 2017)

O rascunho do texto, apresentado à ONU por Brasil e Alemanha, além de denunciar o citado desrespeito à soberania dos países em geral, também reafirma os direitos e garantias fundamentais consagrados na Declaração Universal dos Direitos Humanos de 1948, particularmente em seu artigo XII e incisos.

Citamos abaixo parte do texto apresentado:

> "Reafirmando que os Estados devem assegurar que todas as medidas tomadas para combater o terrorismo sejam feitas em conformidade com suas obrigações sobre o direito internacional, em particular os direitos humanos internacionais, direito humanitário e de refugiados.
>
> "Reafirma o direito à privacidade, segundo o qual ninguém será sujeito a interferências arbitrárias ou ilegais na sua privacidade, família, lar ou correspondência, bem como o direito à proteção da lei contra tais interferências, tal como estabelecido no artigo XII da Declaração Universal dos Direitos Humanos e do artigo 17 do Pacto Internacional sobre os Direitos Civis e Políticos;
>
> "Reconhece a natureza global e aberta da Internet e do rápido avanço nas tecnologias de informação e comunicação como uma força motriz para acelerar o progresso rumo ao desenvolvimento em suas várias formas;
>
> "Afirma que os mesmos direitos que as pessoas possuem fora da internet (off-line) também devem ser protegidos na Internet (online), incluindo o Direito à privacidade."

Conclusão

A discussão que se coloca desde há muito, mas que se torna cada vez mais frequente e da maior relevância, pelas rápidas transformações a que a sociedade vem sendo submetida, tem a ver com os avanços que o desenvolvimento da tecnologia e dos costumes vem proporcionar. Este desenvolvimento aproxima e facilita as relações entre as pessoas. Mas também tem a ver com as fragilidades e ameaças na esfera particular e íntima de indivíduos e grupos sociais que este desenvolvimento acarreta.

Essas intensas e profundas mudanças na denominada "Era da Informação", como se pode notar, estão transformando nossos jeitos, nossos olhares, nossa percepção e comportamentos em relação ao mundo e à dinâmica de nossas relações. Deve-se admitir que até mesmo a liberdade de amar tem sido afetada, visto as ferramentas hoje postas à nossa disposição que, a despeito de reduzir as distâncias e propiciar encontros, acabam por facilitar o controle e a consequente domesticação dessas mesmas relações amorosas.

Sob o pretexto de melhorar nossas vidas, a utilização indevida da tecnologia acaba por direcionar nossa forma de pensar e de agir, acaba por obscurecer nossa percepção de mundo e nos tornar vítimas fáceis de uma cultura de consumo e descarte. Já não somos o que pensamos, somos o que outros querem que pensemos. Souza (2017) afirma que: "Entender como a pessoa pensa é um desafio que passa pela coleta, pelo armazenamento e pelo tratamento de dados gerados por um indivíduo. Como um verdadeiro corpo digital, esses dados servem para os mais distintos propósitos e são utilizados por diferentes atores para identificar o seu titular. Você é o que o banco de dados pessoais diz que você é. Considerando o tempo que passamos on-line, pode-se dizer que você é o que você clica o que você curte e o que você compartilha".

Mesmo admitindo que despendemos boa parte de nosso dia conectados nas redes sociais, que clicamos, curtimos e compartilhamos cotidianamente ideias, sentimentos, desejos e preferências, sob nenhuma hipótese será admissível o desrespeito à liberdade que temos de manter essas informações e esses hábitos sob nosso controle e privacidade.

O direito de não ter o espaço íntimo invadido é, de acordo com a noção dos direitos fundamentais da pessoa humana, inalienável. Vianna (2004) afirma que "a privacidade envolve não só intimidade e vida privada, mas é a exacerbação desses direitos que são inerentes à natureza humana".

Souza (2017) faz um alerta contra o desrespeito às liberdades individuais, particularmente às invasões corriqueiras de privacidade que descrevemos no decorrer deste trabalho:

> "Quanto mais dados são coletados, mais sabemos sobre nós. Aplicativos de controle de saúde medem os nossos passos, o número de lances de escada que subimos e o rendimento dos exercícios. Mas quem acessa esses dados, além de nós mesmos? Se dados comportamentais estão sendo cada vez mais coletados, existem terceiros que talvez conheçam melhor do que nós a nossa rotina, os nossos hábitos e preferências. E, se isso for verdade, essa informação pode ser usada para os mais diversos fins de manipulação e indução do comportamento".

O presente trabalho, baseado nos argumentos apresentados, considera que ninguém deve ser incomodado ou invadido naquilo que tem de pessoal e particular e reitera ainda que o respeito à intimidade e à privacidade é um direito inalienável e condição indispensável a um viver pleno e, como afirma o Artigo 1º da Declaração Universal dos Direitos Humanos, a um agir uns para com os outros em espírito de fraternidade.

Bibliografia comentada

Barreto, Vicente, **Reflexões sobre os Direitos Sociais**. Revista da Faculdade de Direito da UERJ, nº 2, Editora Renovar, 1994.

O artigo estabelece parâmetros teóricos dentro dos quais encontramos a fundamentação ética dos direitos sociais, civis e políticos. A linha paradigmática das reflexões é a kantiana, que desenvolve a ideia de que os direitos humanos são universais e indivisíveis.

Dallari, Dalmo de Abreu. **Direitos Humanos e Cidadania**. Editora Moderna. São Paulo – SP. 1998.

Literatura básica sobre os direitos humanos. Neste texto de iniciação o autor demonstra, de forma bastante didática e simples, que o conhecimento e a observância dos Direitos Humanos são condições indispensáveis para uma vida em comum na grande comunidade humana.

Freire, Paulo. **Pedagogia da Autonomia. Saberes Necessários à prática educativa.** Paz e Terra. São Paulo – SP. 1996.

Paulo Freire explica como a prática pedagógica deve se pautar pela busca da autonomia do educando. Enfatiza a necessidade de respeito aos conhecimentos que os alunos detêm e trazem para a sala de aula. Afirma queestes, em contraposição à ideia vigente até então são o centro desse rico processo de aprendizagem em sala de aula.

Haro, Guilherme Prado Bohac de. **A Dignidade da Pessoa Humana: O Valor Supremo.** 2009.

O texto analisa qual é a relação existente entre o princípio da Dignidade da Pessoa Humana - reconhecida como valor supremo - e os Direitos Fundamentais da

Pessoa Humana. Afirma ainda que o conceito de Direitos Humanos pode ser ampliado cada vez mais, dependendo da evolução moral do homem.

Ikawa, Daniela, Piovesan, Flávia, Almeida, Guilherme de. **Formação de Conselheiros em Direitos Humanos.** Secretaria Especial de Direitos Humanos. Via Brasília Editora. Brasília – DF. 2007.

Texto base do curso de Formação de Conselheiros em Direitos Humanos, editado no primeiro mandato do presidente Luís Inácio Lula da Silva. São dois tomos, que discorrem sobre os conceitos básicos e fundamentais para uma compreensão do tema e sobre os diversos conselhos de direitos tais como o Conselho de Direitos da Pessoa Idosa, da Criança e do Adolescente, dos Direitos da Mulher, do Combate à Discriminação, Igualdade Racial, etc.

Johnson, Allan G. **Dicionário de Sociologia**. Jorge Zahar Editor. Rio de Janeiro – RJ. 1995.

O dicionário traz os verbetes associados à matéria de Sociologia e o faz de forma bastante didática e clara. São mais de 1.000 palavras com explicações e conteúdo histórico de cada uma delas.

Ministério da Justiça. Secretaria Nacional dos Direitos Humanos. Unesco. **Direitos Humanos no Cotidiano – Manual** – Brasília – DF. 1998.

Extensa coletânea de comentários sobre os Artigos da Declaração Universal dos Direitos Humanos da ONU, publicado em 1998, totalmente ilustrado em papel acetinado em excelente formatação e encadernação. Todos os artigos são comentados por personalidades importantes na luta pela preservação dos direitos fundamentais da pessoa humana em nosso país. O manual foi elaborado em cumprimento a dispositivo do Programa Nacional de Direitos Humanos do Governo Federal naquele ano.

Rocha, Everardo. **O que é etnocentrismo**. Editora Brasiliense. São Paulo – SP. 2007

Além de conceituar de forma compreensível o tema, o autor analisa os discursos que costumeiramente utilizamos para justificar nossa aversão a qualquer tipo de comportamento cultural que nos são estranhos. O etnocentrismo é por isso mesmo, uma forma de preconceito e de exclusão das diferenças, que, por princípio, deveriam nos aproximar e enriquecer nossa existência em sociedade.

Sarlet, Ingo Wolfgang. **Dignidade da pessoa humana e os direitos fundamentais na Constituição Federal de 1988**. Porto Alegre: Livraria do Advogado, 2004.

O autor é membro do corpo editorial de quinze periódicos nacionais e internacionais e já escreveu ou organizou mais de oitenta obras sobre o tema dos Direitos Humanos. Nesse texto ele faz uma profunda conceituação dos temas ligados aos Direitos da Pessoa Humana, bem como, discute o caráter absoluto da dignidade humana e a possibilidade de sua eventual relativização.

Souza, Carlos Affonso. **Os Senhores das nossas decisões**. Revista Quatro cinco um. Número dois 2017, pág. 08 e 09.

O artigo faz uma análise de como as tecnologias avançadas que tomam conta de nosso cotidiano e que, em princípio, aí estão para facilitar nossa vida, podem nos tornar reféns delas mesmas. Os dados que são coletados a todo o momento em que estamos conectados podem direcionar nossos comportamentos e decisões, afetando nossa liberdade, como também nossa identidade.

Zaneti Jr, Hermes. **A Liberdade da Vida Privada**. Editora: CopyMarket.com, 2000.

O artigo faz um relato do poder da informação na sociedade atual e o conflito entre a liberdade de imprensa e a liberdade da vida privada.

Sites pesquisados:

Blog de Rafael Zanatta (http://rafazanatta.blogspot.com.br/2013/11/privacidade-e-direitos-humanos-entre.html – acesso em 31 de maio de 2017)

Matéria do site E-Mancipação, que traz artigos interessantes sobre a maneira de pensar o Brasil e refletir sobre suas contradições nas áreas social, política e econômica. Parte dos artigos procura dar voz e vez às classes marginalizadas e excluídas dos processos decisórios em nosso país.

A importância de regulamentar e proteger os dados pessoais

Vicente Argentino Netto[15]

15 Mestrando em Administração na Pontifícia Universidade Católica de São Paulo (PUC-SP). É administrador, pós-graduado em Marketing e MBA de Gestão do Relacionamento com o Cliente. Tem experiência em mercadologia com ênfase em Data-Driven Marketing, Big Data e Gestão de Vendas Consultivas.

Retomemos o controle de nossos dados! Eles são muito preciosos para deixá-los com os gigantes da tecnologia.

***The Guardian*, 3 de outubro de 2017**

Em 1996, apenas 21 anos atrás, John Perry Barlow, co-fundador da *Freedom of the Press Foundation*, apresentou um manifesto, a Declaração de Independência do Ciberespaço, no Fórum Econômico Mundial em Davos. O manifesto exprimia indignação sobre a tentativa dos governos de regular a Internet. O princípio central da declaração era manter o fluxo de dados livre, irrestrito e não regulamentado. Era uma visão libertária que buscava a independência de um conceito – o fluxo de informações – para propiciar a arquitetura e ascensão da Internet como hoje a conhecemos, onipresente e penetrante, que deixa uma trilha de dados em todo o seu trajeto.

Não há dúvidas que a revolução digital e o uso de dados proporcionaram tremendo benefício aos indivíduos. Mas a que preço tudo isto aconteceu? Este fluxo de informações tem também seu lado perverso quando alimenta bases de dados que montam perfis de profundidade e especificidade sem precedentes das relações íntimas entre pessoas. Por esta razão, quem agora está totalmente indignado é a sociedade civil, que precisa estar vigilante e ativa para garantir que seus direitos fundamentais da privacidade não sejam sacrificados em nome da inovação.

Esses direitos são muitas vezes ignorados. Há necessidade de um ativismo, por parte do cidadão, para obter plena ciência e o controle de como seus dados são coletados e usados. O objetivo deste capítulo é demonstrar os movimentos que a sociedade realiza para regulamentar e dar transparência a ações de coleta, armazenamento, processamento, compra e venda de dados pessoais. No entanto, a eficácia de qualquer lei depende dos indivíduos protegidos por ela. Todas as pessoas são responsáveis pela sua própria exposição e as impressões digitais que deixam na rede e são responsáveis por conhecer e buscar os seus direitos.

O caos na governança da proteção

Pela narrativa apresentada nos diversos capítulos desta sumarização, percebe-se nitidamente uma vulnerabilidade muito grande das pessoas. Elas sentem-se desprotegidas de cuidados básicos com a sua privacidade, não só no nosso país como em outras sociedades ao redor do planeta. O problema, infelizmente, é generalizado. E quando se trata da questão da vigilância em massa e da espionagem, nota-se como o tema é delicado e como a governança é endereçada propositalmente para ser percebida como um caos. Estes campos obedecem a particularidades da segurança pública e da segurança estatal e são orientados por interesses políticos e econômicos sem qualquer limitação entre fronteiras.

Ao estudar um tema abrangente e complexo como privacidade, aconselha-se examiná-lo em partes. Para mergulhar se na vasta literatura dedicada ao assunto, seria oportuno termos um mínimo de clareza daquilo que queremos proteger. A primeira pergunta, ao analisar aspectos da privacidade, deveria ser: o que queremos proteger? Para daí analisar o quanto estamos resguardados ou fragilizados nos pontos relacionados desta resposta.

Na linha do "vamos por partes", portanto, há uma vertente no direito à privacidade que foca a proteção dos dados pessoais e vem servindo de importante instrumento regulatório em diversos países, principalmente na União Europeia, que já possui uma boa governança e, por mais uma vez, ao longo de 2017, atualizou seus dispositivos frente às inovações tecnológicas. O debate em torno dos aspectos ligados aos dados básicos das pessoas, ou seja, a face que trata da Proteção de Dados Pessoais, tem se destacado sobremaneira nos meios jurídicos e econômicos das nações. Por este motivo, a proteção aos dados pessoais serve de alicerce e baliza para a discussão do tema e, por conseguinte, para proteção às pessoas.

No Brasil temos uma legislação em nível constitucional e algumas regulamentações setoriais que fixam a privacidade como direito fundamental. Entretanto, como não são disposições específicas sobre o tratamento de dados pessoais, muitas fontes de informações pessoais ficam desprotegidas dos acessos, abusivos ou não, feitos por iniciativas privada e pública. Sabemos que no mundo das redes sociais não mais existe a privacidade absoluta. No entanto, dentro de nossas fronteiras é urgente a criação de um marco regulatório que venha, no mínimo, cobrir aspectos mais essenciais da privacidade.

Ao fazer pesquisas na internet, comprar, usar aplicativos, preencher cadastros de serviços e até utilizar o transporte público, geramos e compartilhamos centenas de milhares de dados pessoais. Precisamos ter ciência sobre o que é feito com todos esses dados. Precisamos saber se os cidadãos são ou não discriminados a partir do que fazem nas redes sociais, ou dos conteúdos que visitam, produzem e compartilham na Internet. Precisamos saber se os dados das pessoas são utilizados apenas para os fins aos quais sua coleta foi consentida e se empresas vendem os dados que foram somente a elas confiados. Precisamos, portanto, da conquista de uma proteção legal, para nos sentirmos seguros e termos a quem recorrer em caso de usos ilegais e abusivos.

Na prática, ninguém está protegido

Percebe-se que, na prática, ninguém que acesse qualquer meio digital está protegido – muito pelo contrário. É algo grave, e não temos condições de imaginar onde toda essa enxurrada de dados, informações e relações virtuais vai desaguar. Percebe-se também de imediato, que há um certo domínio desse ambiente, seja tecnológico, financeiro e político, ou a soma destes fatores, com muita facilidade para manipular essa massa de dados, tomando decisões sobre nós e sobre as nossas vidas, sem o nosso conhecimento ou consentimento. E esta capacidade de manobra e controle pode ter efeito em nossos valores, ideologias e em nosso próprio processo democrático.

Dada a necessidade da tecnologia na vida moderna, devemos ter ciência sobre como nossos dados são tratados e o que pode ser feito com eles. Como ponto de partida, veremos quais são as principais diretrizes de regulamentação em torno da proteção de dados pessoais nas culturas europeias e na norte-americana; e veremos como andam as discussões e o atual estágio deste assunto no Brasil. Notaremos que a comunidade europeia apresenta uma genuína preocupação com a proteção das pessoas, enquanto a sociedade norte-americana permite uma invasão em nome do liberalismo econômico. Já o Brasil não decidiu seu caminho. No final de 2017, ainda expõe seus cidadãos a uma vulnerabilidade temerária.

O direito à proteção de dados

Como já vimos, alguns momentos na história marcaram os principais passos na regulamentação da proteção de dados pessoais. O direito à proteção contra intromissões de terceiros, especialmente do Estado, na vida privada e familiar, foi consagrado pela primeira vez, num instrumento jurídico internacional, no artigo 12 da Declaração Universal dos Direitos do Homem das Nações Unidas, de 1948. O direito à proteção de dados nasceu, portanto, do direito ao respeito à vida privada. O conceito de vida privada está associado aos seres humanos, por conseguinte, as pessoas físicas são as principais beneficiárias da proteção de dados.

A Declaração Universal dos Direitos Humanos influenciou a formulação de outros instrumentos sobre os direitos na Europa e a legislação europeia tornou-se um grande exemplo quando o assunto é proteção de dados pessoais.

A evolução da legislação europeia sobre proteção de dados

Na década de 1960, com o surgimento da tecnologia da informação, a comunidade europeia iniciou a adoção de regras pormenorizadas para salvaguardar as pessoas por meio da proteção dos seus dados. Em meados da década de 70, com o advento da Convenção Europeia dos Direitos do Homem – CEDH, foram adotadas inúmeras resoluções sobre a proteção de dados pessoais. Em 1981 foi lançada a Convenção 108, trazendo uma série de princípios a serem respeitados, como: a regulação de fluxo de dados pessoais entre as fronteiras, a distinção do que seriam dados sensíveis e quais cuidados os agentes deveriam ter no tratamento automatizado de dados de caráter pessoal.

A Convenção 108 distinguiu dispositivos do tratamento de dados pessoais realizado tanto pelo setor privado como pelo setor público. Todos os países-membros da Comunidade Europeia aderiram à Convenção 108. Ela é, ainda hoje, um instrumento internacional jurídico vinculado ao domínio da proteção de dados. Mesmo fora da comunidade, qualquer país pode aderir à Convenção 108. O Uruguai é um exemplo e único país sul-americano que aderiu a essa convenção. Em 1995 foi lançado o principal instrumento jurídico da União Europeia sobre proteção de dados: a Diretiva 95/46/CE (Diretiva de Proteção de Dados – DPD).

A DPD, como ficou conhecida, em essência estabeleceu que os sistemas de processamento de dados pessoais são criados para servir ao homem e devem respeitar seus direitos individuais e sua liberdade. Definiu que esse processamento deve ser legal e justo aos indivíduos. Envolveu, em seu escopo, os cuidados a serem tomados nas várias etapas do tratamento de dados. O termo "tratamento" engloba uma gama de processos nessa matéria, tais como: coleta, produção, recepção, classificação, utilização, acesso, reprodução, transmissão, distribuição, processamento, armazenamento, eliminação, avaliação oucontrole da informação; sua modificação, comunicação, transferência, difusão ou extração. Dessa forma, ao envolver os principais aspectos de manipulação de dados, a DPD tornou-se a pedra fundamental para a expansão de leis sobre proteção de dados, porque, além da total adesão da União Europeia, levou inúmeros outros países a seguirem o seu exemplo e legislarem sobre o assunto de maneira quase idêntica.

O tripé da proteção de dados pessoais

Antes de prosseguirmos na evolução dos dispositivos reguladores da proteção de dados pessoais, é importante conhecer alguns conceitos e referenciais teóricos básicos, que precisam ser levados em consideração quando se analisa a legislação em torno deste tema. O conhecimento destes conceitos nos dá um certo discernimento para identificar quanto uma ação de um agente na sociedade pode ser invasiva na vida privada do indivíduo.

O Grupo de Pesquisa em Políticas Públicas Para o Acesso à Informação (GPOPAI) da Universidade de São Paulo (USP), em seu Projeto de Pesquisa de Privacidade e Vigilância, concluiu ser fundamental a análise de pelo menos três dimensões básicas dos dados de uma pessoa, verificando como essas dimensões são endereçadas nas iniciativas de manipulação de dados e como essas dimensões são levadas em consideração pelos legisladores que regulamentam a proteção de dados pessoais.

As dimensões basilares são: o conceito de "dados pessoais", os "dados anônimos" e o "consentimento do titular dos dados pessoais". A escolha dessa tríade não é acidental. O primeiro e o segundo definem o escopo de qualquer normativa de proteção de dados pessoais, filtrando quais dados merecem proteção. O terceiro é o pilar normativo da grande maioria das leis ao redor do mundo, senão de todas elas.

O conceito de dados pessoais

A definição do conceito de dados pessoais pode seguir uma orientação expansionista ou reducionista. Há um vocabulário que, respectivamente, alarga (pessoa identificável) ou restringe (pessoa identificada) o escopo de uma lei de proteção de dados pessoais. A DPD 95/46, da Comunidade Europeia, traz a seguinte definição de conceito de dados pessoais:

> "Qualquer informação relativa a uma pessoa singular identificada ou identificável (pessoa em causa). É considerado identificável todo aquele que possa ser identificado, direta ou indiretamente, nomeadamente por referência a um número de identificação ou a um ou mais elementos específicos da sua identidade física, fisiológica, psíquica, econômica, cultural ou social. "

Esta definição não deixa dúvidas de que um IP (*Internet Protocol*), que é o número que seu computador (ou roteador) recebe quando se conecta à Internet, é um dado pessoal e, portanto, é passível de proteção. Por falta deste entendimento e definição, muitas empresas colecionam inúmeros dados sobre um mesmo número de IP e os utilizam em prol de suas atividades, mas não consideram que estejam realizando uma invasão de privacidade. Alegam tratar-se de informações anônimas, quando na verdade não são.

Ainda sob o guarda-chuva do conceito de dados pessoais: existem categorias específicas de dados, os chamados "dados sensíveis", que exigem uma proteção maior porque afetam a esfera mais íntima de seu titular. "Dados sensíveis" são informações relacionadas à "origem racial ou étnica, às opiniões políticas, às convicções religiosas ou filosóficas, à filiação sindical, bem como o tratamento de dados relativos à saúde e à vida sexual" (Artigo 8º da DPD).

Dados anônimos

A antítese dos "dados pessoais" seriam os "dados anônimos". Contudo, eles encerram uma falsa promessa (semântica), na medida em que sempre haverá possibilidade de reversão do processo de anonimização e conseguinte identificação de um indivíduo. Os dados anônimos são, potencialmente e provavelmente, dados relacionados a uma pessoa identificável. A mera atividade de tratamento de dados com a finalidade de traçar algum tipo de perfil – por exemplo demográfico, psicográfico etc. – tem repercussões sobre a esfera de uma pessoa.

A Internet das Coisas, que faz a conexão de equipamentos, utensílios e instalações sob o comando de uma certa programação, deixa rastros sobre hábitos e preferências pessoais. Até o momento não houve uma intensa discussão sobre como tais dados serão salvaguardados.

Da mesma forma, as facilidades e conveniências proporcionadas por um telefone celular deixam, espontaneamente, rastros de informações pessoais à mercê de aplicativos maliciosos. A maioria dos *smartphones*, *tablets* e *wearables* (aparelhos que você usa no seu corpo, como *smartwatches*) é equipada com vários sensores, dos conhecidos GPS, câmera e microfone, a instrumentos como o giroscópio (que calcula direção), sensores de proximidade, NFC (transmissor de dados sem fio), sensores de rotação e acelerômetro. Com base apenas em dados coletadas pelos vários sensores contidos nos aparelhos, analisando os movimentos à medida que digitamos a informação, os pesquisadores da *Newcastle University*, Inglaterra, demonstraram que é possível decifrar senhas de quatro dígitos com precisão de 70% na primeira tentativa e 100% na quinta (reportagem da BBC de 30/04/2017 no link http://www.bbc.com/portuguese/geral-39737811).

Consentimento do titular dos dados pessoais

O consentimento do titular tem sido o pilar da maioria das leis de proteção de dados pessoais, mas há muita discussão em torno da sua adjetivação, que procura restringir ou expandir a participação do cidadão na dinâmica da proteção de seus dados. O meio jurídico criou uma escala progressiva da qualificação do consentimento. São variações a respeito do grau de participação do cidadão nesse processo. Veja a seguir:

> I - Informado: pressupõe-se que seja uma condição básica informar o titular que os seus dados sofrerão algum tipo de tratamento;
>
> II - Livre: o titular deve consentir o tratamento sem estar submetido a nenhum tipo de coerção;
>
> III - Para finalidades determinadas: o titular deve ser informado para qual finalidade os seus dados serão tratados e utilizados. O princípio de finalidade deve apresentar uma relação direta entre a coleta e a utilização dos dados;
>
> IV - Inequívoco: o consentimento não pode permitir engano, ou seja, não pode deixar nenhuma margem de dúvida pairar sobre o titular;

V - Específico e expresso: o consentimento deve ser obtido para um uso específico (finalidade) com registro prévio de anuência.

Muitos dos dados pessoais são utilizados sem o devido consentimento dos seus titulares. Por exemplo, quando alguém utiliza os serviços "gratuitos" do Google, inúmeras informações são compiladas e traduzidas em traços de hábitos, estilo de vida, poder de compra etc. O Gmail, inclusive, faz a leitura não só dos e-mails enviados e recebidos, mas também dos respectivos anexos. A partir desta gama de informações, a plataforma realiza inferências sobre o seu perfil de consumo e passa a ofertar aquilo que você estaria mais propenso a consumir. O Google não esconde esses procedimentos, pois constam dos Termos e da sua Política de Privacidade. No entanto, não há transparência na comunicação nem informação prévia sobre como serão tratados os dados do usuário.

Outro ponto importante que vem contradizendo o "princípio da finalidade" são as práticas de Big Data. O Big Data tem como premissa extrair informação e descobrir novos conhecimentos a partir de um banco de dados. Caso tais dados tenham consentimento do titular para um uso específico, como ficam as práticas deste processo de mineração e extração de informações para servirem a outra finalidade? É um novo ponto que precisa ser debatido pela sociedade.

Vê-se em capítulos dessa sumarização muita preocupação com atividades públicas que pretendem propiciar à iniciativa privada a exploração comercial de dados, como o caso do "WI-FI Livre-SP", da prefeitura de São Paulo. Essa celeuma pode ser evitada se o processo for realizado de forma transparente. O usuário, ao aderir o serviço, consentiria o uso dos dados e seria informado sobre sua finalidade. A partir daí o recebimento de uma publicidade não seria caracterizado como invasivo. Da mesma forma, a utilização de dados do Bilhete Único pelo Poder Público deve ter apenas a finalidade de elaborar o planejamento de transporte público. Qualquer outra finalidade deveria ser ilegal e, portanto, passível de punição.

Nova Diretiva Europeia - Regulamento 679/2016

A par dos principais conceitos vistos até agora, como a definição de dados pessoais e anônimos e do consentimento do titular, já é possível prosseguir na análise das regulações em torno da proteção de dados pessoais com maior discernimento.

Voltando à Comunidade Europeia, a rápida evolução tecnológica e a globalização ocorrida nos últimos anos criaram novos desafios em matéria de proteção de dados pessoais. Para acompanhar esta evolução, elaborou-se nova regulamentação denominada de GDPR (*General Data Protection Regulation*), implementada a partir de 25/05/2018. A GDPR atualiza, complementa e reforça inúmeros pontos da DPD – 95/46 e também a substitui.

À luz dos conceitos até aqui estudados, é possível observar quanto os tópicos dessa nova regulamentação, alguns listados a seguir, vão ampliar a proteção dos cidadãos europeus:

> I - *Consentimento prévio:* a nova GDPR estipula que o consentimento seja realizado a cada etapa do ciclo de gestão do tratamento de dados, prevendo pelo menos quatro ocorrências: na adesão do gerenciamento, no enriquecimento de dados, no compartilhamento com terceiros e no armazenamento fora do país (*cloud*). Esse nível de consentimento exigirá muita transparência e um honesto convencimento dos titulares por parte dos agentes públicos e privados ao manipularem dados pessoais coletados;
>
> II - *Exclusão automática* se deixar de ser cliente ou a pedido do titular a qualquer tempo. Após o encerramento de um contrato de prestação de serviços, os agentes

costumam manter os registros dos titulares em seus bancos de dados;

III - *Portabilidade:* os titulares poderão transferir seus registros entre as instituições. Está sendo debatido se a portabilidade seria estrita apenas aos dados fornecidos na adesão ou completa, com os dados enriquecidos e comportamentais;

IV - *Dever de anonimização:* até então a regulamentação apenas recomendava a anonimização; agora, a GDPR obriga os agentes a realizarem esse processo. Os agentes que normalmente transferem dados entre os seus diversos prestadores, como os serviços de análise estatística, podem muito bem ser realizados sem qualquer tipo de identificação pessoal;

V- *Dever de criptografia*: da mesma forma, passará a ser obrigatória;

VI - *Dever de notificar interessados na ocorrência de violação:* antes, os agentes responsáveis, para não terem suas imagens comprometidas ou para não serem penalizados, não divulgavam e nem notificavam os titulares dos dados;

VII - *Multas altíssimas para o grupo econômico:* muitos grupos econômicos possuem ou adquirem pequenas empresas que gerenciam seus bancos de dados e muitas vezes a responsabilidade ou mesmo as penalidades não alcançam as esferas mais altas de uma organização;

VIII - *Prevê ação coletiva:* trata-se de mais um ponto importante nesta nova regulamentação para reprimir qualquer tipo de abuso no tratamento de dados pessoais.

Proteção de dados nos EUA

Entende-se até aqui que a União Europeia tem trabalhado na proteção à privacidade dos cidadãos de forma consistente, mantendo a essência dos direitos humanos pertinentes a essa matéria e buscando constante atualização de seus dispositivos regulatórios face ao rápido desenvolvimento tecnológico.

Por outro lado, os EUA não possuem uma regulamentação exclusiva para proteção de dados pessoais. Baseiam-se em várias leis específicas, na regulação e na autorregulação, segmentadas por setores, tipos de dados e até por estado.

A Diretiva Europeia 95/46, quando foi implementada, criou restrições à transferência de dados pessoais para países não-membros da União Europeia que não se adequassem ao padrão estabelecido, caso dos EUA na época. Em 2000, para adaptar-se aos dispositivos europeus, os EUA criaram uma estrutura chamada "*Safe Harbor*", que certificou várias companhias aderentes, garantindo o cumprimento das medidas de proteção dos dados pessoais. Esta iniciativa foi conduzida pelo *FTC - Federal Trade Commission.*

Naquela ocasião, os agentes públicos e privados de ambos os lados tiveram problemas de transferência de dados pessoais constantes nas passagens aéreas. Como é sabido, em todo voo com destino aos EUA as autoridades migratórias daquele país demandam receber a lista de passageiros antes que a aeronave decole de sua origem. Portanto, os dados passaram por um período de exceção devido a falta de acordos de confidencialidade que garantissem as promessas da legislação europeia.

Em outubro de 2015, devido a espionagem em massa da Agência de Segurança Nacional (NSA), revelada pela denúncia de Edward Snowden em 2013, a justiça europeia invalidou o tratado "*Safe Harbor*". Somente em julho de 2016 entrou em vigor um novo marco jurídico, o "Privacy Shield", que regulamenta a transferência de dados pessoais usados com fins comerciais entre a União Europeia e os Estados Unidos, principalmente pelas empresas de internet, como Google, Facebook etc.

EUA revogam norma de proteção a dados pessoais na internet

Ainda em 2016, o governo Barack Obama criou uma norma sobre proteção de dados pessoais na internet, conduzida pela *Federal Communications Commission* (FCC). Ao final daquele governo, a norma tramitava no Congresso norte-americano. Contudo, em março de 2017, a administração Donald Trump revogou esta norma. As associações de defesa dos direitos civis afirmam que a anulação permitirá a difusão incontrolável de dados pessoais, como históricos de navegação, que podem revelar crenças religiosas, posicionamento político, orientação sexual, estado de saúde ou informações geográficas dos usuários. "Estas informações figuram entre as mais íntimas da vida de uma pessoa. Os consumidores devem poder controlar o que as empresas fazem com elas", dizem tais associações. Ou seja, trata-se daqueles dados sensíveis, que deveriam receber uma maior proteção.

Os provedores de internet (*ISPs – Internet Service Providers*) norte-americanos como Verizon, Comcast e AT&T já utilizavam dados de navegação para comercializar publicidade. Outros players do mercado, como as empresas de telecomunicações, por força de lei setorial, não podiam utilizar tais dados para fins comerciais. O governo Obama, em sua norma, propunha uma regulamentação em que ao longo de 2017, todos os agentes, indistintamente deveriam obter a permissão de uso dos titulares dos dados. A administração Trump preferiu flexibilizar e dar permissão para uso indiscriminado de todos os players em vez de regular e proteger os cidadãos. Alega que assim ocorrerá uma livre concorrência, mas esqueceu de ouvir o principal protagonista do sistema – o cidadão, ou seja, o titular do dado.

Da mesma forma, Facebook e Google já estavam e continuarão livres para manipular os dados de navegação, até porque são regulados pela *FTC – Federal Trade Commission*, uma agência com maior autonomia e poderes do que a *FCC*. Há mais um agravante. O uso do Facebook e do Google, de certa forma, é opcional, enquanto que os *ISPs* (provedores de internet) normalmente são pagos e são passagem obrigatória para a navegação dos usuários, constata a revista *New Scientist* em reportagem de 08/04/2017.

Exemplos de violação de privacidade não faltam na sociedade americana. Recentemente o site The Intercept divulgou que o Facebook não protegeu 30 milhões de usuários de terem dados acessados por uma das empresas da campanha de Trump. Esta lista foi formada por "*Turkers*", pessoas que usam seus tempos livres para garimpar informações pela internet. Este tipo de atividade é considerado um "trabalho escravo", porque essas pessoas são remuneradas pela quantidade de informações coletadas no Facebook para reunir dados e formar perfis psicográficos dos indivíduos. Para isso precisam da inteligência e coerência humana, ou seja, trata-se de situações em que as máquinas não conseguem ser determinísticas.

Os Estados Unidos também são hábeis em praticar violações e monitoramentos em massa tendo como respaldo uma "nobre" causa, justificando a invasão ao "indivíduo" por um bem maior, em nome do "coletivo". As ações antiterrorismo domesticam a sociedade neste sentido. O *Wall Street Journal* de 04/04/2017 relata que os turistas estrangeiros terão que abrir seus contatos em smartphones, senhas de redes sociais e registros financeiros ao ingressar no país, além de responderem a questionamentos sobre ideologia. É o emprego da política de *extreme vetting*, algo como "verificação extrema".

Proteção de dados no Brasil

O Brasil situa-se entre os principais mercados de TI mas não possui uma legislação específica sobre proteção de dados pessoais. Nota-se uma indecisão a respeito do que o país deseja proteger, ficando assim no meio do caminho entre as práticas reguladoras mais liberais dos Estados Unidos e as mais protetoras advindas da União Europeia.

Apesar desta lacuna, o país possui dispositivos que permitem uma certa governança. Na Constituição, são enunciados os direitos fundamentais à privacidade e à intimidade, além de ser instituído o *habeas data*, ação que permite ao indivíduo o conhecimento e a retificação de dados pessoais constantes de registros públicos ou banco de dados de entidades governamentais ou de caráter privado. Existem ainda disposições específicas nas searas do Direito do Consumidor, na legislação bancária e fiscal, na tutela da intimidade no Código Penal e no Marco Civil da Internet. Entretanto, a falta de uma regulação específica não deixa claros para a sociedade os termos de tratamento dos dados pessoais nas esferas pública e privada. Como exemplo, a criação do Cadastro Positivo deveria integrar as informações de adimplência de crédito e assim proporcionar uma redução de juros para bons pagadores. No entanto, os agentes públicos e privados, até o momento, não chegaram a um denominador comum.

Os bancos de dados formados pelas empresas privadas não proporcionam um efetivo controle pelos titulares de dados e tampouco são monitorados por algum órgão público. Ou seja, permanecem na exclusiva dependência das políticas de uma organização que se julga sua proprietária. Por outro lado, os bancos de dados sob a tutela dos órgãos governamentais não são utilizados, em sua plenitude, para fomentar políticas públicas, pela falta de transparência e regulação dessa relação com a sociedade.

Atualmente, existem três iniciativas legislativas no Congresso Nacional que pretendem regulamentar de forma abrangente a proteção de dados pessoais no Brasil:

- PL 4060/2012 da Câmara dos Deputados;

- PL 330/2013 do Senado;

- PL 5276/2016 de Autoria do Executivo (ver apêndice dos principais artigos).

Os projetos em questão passaram ou estão passando por consultas públicas e os três encontram-se apensados, ou seja, foram reunidos provisoriamente para uma análise conjunta do Poder Legislativo. O projeto do Senado tem a preferência da esfera empresarial, que argumenta que o equilíbrio em seu conteúdo permite o exercício da livre concorrência e ao mesmo tempo garante a devida proteção ao cidadão. O projeto de autoria do Executivo foi inspirado na Diretiva 95/46 da Comunidade Europeia e foi conduzido pela Secretaria Nacional do Consumidor - Senacon, subordinada ao Ministério da Justiça. Esse órgão está ligado aos Procons (Programa de Proteção e Defesa do Consumidor) e, portanto, o projeto está centrado na proteção do cidadão no papel de consumidor.

A necessidade de uma legislação brasileira é quase um consenso. O progresso das tecnologias da informação é uma realidade que impõe graves riscos de desrespeito ao direito à intimidade dos indivíduos. As possibilidades de abuso, decorrentes da potencial violação à intimidade das pessoas, são cada vez mais reais e, como constatado pela Comissão Europeia, nem sempre a autorregulamentacão é suficiente.

No cenário internacional, são inúmeros os países que dispõem de um código específico de proteção de dados pessoais, o que pode levar o Brasil a situar-se numa posição de isolamento. No Reino Unido, a atuação da Entidade Supervisora de Dados tem apresentado casos de grande relevância para a sociedade britânica, corroborando com uma crescente demanda existente naquela nação.

Uma legislação fornece os meios para que os cidadãos tenham conhecimento e controle sobre a coleta e tratamento daquelas informações que os identificam, possibilitando a limitação desse tratamento a uma série de condições de segurança. Do ponto de vista comercial, uma regulamentação adequada inibe a entrada de empresários antiéticos no mercado, trazendo vantagem competitiva para quem atua na conformidade da lei.

Proteção de dados na América Latina

A Argentina e o Uruguai possuem uma legislação específica sobre proteção de dados pessoais e atraíram investimentos de multinacionais europeias, para as quais a transferência de dados sem burocracia é altamente importante. A Argentina realiza o processamento de folhas de pagamento de empresas europeias e isto traz vantagem competitiva no ambiente de negócios. É o mesmo caso de Nicarágua, Costa Rica, Colômbia, Peru e México, que aprovaram leis sobre proteção de dados seguindo "o modelo europeu". Uma inovação criada pela legislação mexicana foi a divisão dos dados pessoais em três categorias diferentes: patrimoniais, financeiros e sensíveis.

Desafios do ponto de vista econômico

As inovações tecnológicas nos atropelam a cada dia. A sociedade da informação é cada vez mais global. E de maneira análoga é o funcionamento empresarial, atuando num mercado único e global. Independente das fronteiras geográficas, as legislações de proteção de dados devem ser compatíveis entre si, caso contrário poderão representar um obstáculo frente aos avanços tecnológicos. O pedido constante de empresas multinacionais é por uma harmonização das leis que regulam o uso de tecnologias, chamando a atenção para o custo resultante de tais leis. Uma solução mais multilateral facilitaria a realização de mais negócios.

Do ponto de vista jurídico, o grande desafio é adequar a proteção aos cidadãos de forma consistente e constante, face à brutal velocidade em que ocorrem os avanços tecnológicos. E as demandas por marcos regulatórios serão cada vez mais complexas. Como exemplo, toma-se o surgimento do carro autônomo, que, frente à possibilidade de acidentes, gera o seguinte questionamento: quem será o responsável? O proprietário? O fabricante? Ou o desenvolvedor do software?

Sem a mobilização da sociedade nada vai acontecer

No Brasil, é muito cômodo e confortável o posicionamento das organizações privadas e públicas frente ao tema da privacidade ou mesmo de sua vertente mais tangível, que trata da proteção de dados pessoais, estudada neste capítulo. Os gigantes da tecnologia estrangeiros chegam ao país e adotam os seus termos e suas políticas de privacidade de forma leonina, livres de qualquer tipo de restrição para a captura e utilização de dados pessoais, já que não há dispositivos claros e específicos para dar a mínima proteção ao cidadão brasileiro. Como não há interesse de grandes grupos econômicos em fazer esse assunto andar no Poder Legislativo, os vários projetos de leis, alguns muito bem elaborados, só são revisitados de forma reativa. Uma dessas reações aconteceu quando a presidente Dilma Rousseff foi vítima de espionagem por parte da Agência de Segurança Nacional dos Estados Unidos (NSA) revelada em 2013. Na ocasião o Executivo Brasileiro revigorou um projeto de lei de proteção de dados (veja detalhes no Apêndice deste capítulo). Entretanto, a força política de seus opositores não permitiu o avanço da matéria.

A participação da sociedade é sempre fundamental em qualquer processo de transformação, mas parece ser imprescindível nessa questão. Muito pouca gente se preocupa com a sua proteção. Para ajudar-nos nessa frente, muitas ONGs já levantam essa bandeira, e, portanto, não temos mais desculpas para ficar inertes, apenas reclamando que nada nunca acontece. Abaixo alguns links que valem uma visita.

Actantes - https://actantes.org.br/
Transparência Hackers - https://www.facebook.com/transparencia.hacker/
Cypherpunks – https://www.facebook.com/CypherPunks-1554596738182993/
Coalizão Direitos na Rede - https://direitosnarede.org.br/

APÊNDICE

Para o melhor entendimento de como se dá um escopo de lei à proteção de dados pessoais, abaixo sãoapresentadostrechos de um dos Projetos de Lei (PL) que está em tramitação no Congresso Nacional do Brasil. Esse PL foi construído de forma colaborativa, com amplo engajamento social por meio de duas consultas públicas realizadas no fim do ano de 2010 e começo do ano de 2015. Foram mais de dez meses de debate público, que geraram mais de 2.000 contribuições do setor empresarial, da comunidade científica e acadêmica, sociedade civil e dos próprios cidadãos de forma individual.

O Projeto de Lei 5.276/2016 – Proteção de Dados Pessoais (Principais Artigos)

Art. 5 - Para os fins desta Lei, considera-se:

I - **dado pessoal**: dado relacionado à pessoa natural identificada ou identificável, inclusive números identificativos, dados locacionais ou identificadores eletrônicos quando estes estiverem relacionados a uma pessoa;

II - **tratamento**: toda operação realizada com dados pessoais, como as que se referem a coleta, produção, recepção, classificação, utilização, acesso, reprodução, transmissão, distribuição, processamento, arquivamento, armazenamento, eliminação, avaliação ou controle da informação, modificação, comunicação, transferência, difusão ou extração;

III - **dados sensíveis**: dados pessoais sobre a origem racial ou étnica, as convicções religiosas, as opiniões políticas, a filiação a sindicatos ou a organizações de caráter religioso, filosófico ou político, dados referentes à saúde ou à vida sexual e dados genéticos ou biométricos;

Art. 6 - As atividades de tratamento de dados pessoais deverão observar a boa-fé e os seguintes princípios:

I - **finalidade**: pelo qual o tratamento deve ser realizado para finalidades legítimas, específicas, explícitas e informadas ao titular, não podendo ser tratados posteriormente de forma incompatível com essas finalidades;

Art. 7 - O tratamento de dados pessoais somente poderá ser realizado nas seguintes hipóteses:

I - mediante o fornecimento pelo titular de **consentimento** livre, informado e inequívoco;

Art. 9 - § 4 - O consentimento deverá se referir a finalidades determinadas, sendo nulas as autorizações genéricas para o tratamento de dados pessoais;

Art. 11 - É vedado o tratamento de **dados** pessoais **sensíveis**, exceto:

I - com fornecimento de **consentimento** livre, inequívoco, informado, expresso e específico pelo titular:

a) mediante manifestação própria, distinta da manifestação de consentimento relativa a outros dados pessoais; e

b) com informação prévia e específica sobre a natureza sensível dos dados a serem tratados, com alerta quanto aos riscos envolvidos no seu tratamento.

Art. 13 - Os dados **anonimizados** serão considerados dados pessoais, para os fins desta Lei, quando o processo de anonimização ao qual foram submetidos for revertido ou quando, com esforços razoáveis, puder ser revertido.

§ 1 - poderão ser igualmente considerados como dados pessoais, para os fins desta Lei, dados utilizados para a formação do perfil comportamental de uma determinada pessoa natural, ainda que não identificada.

Art. 36 - São agentes do tratamento de dados pessoais o **responsável** e o operador.

Art. 41 - O responsável deverá indicar um **encarregado** pelo tratamento de dados pessoais.

Seção II – Criação de **Órgão competente** e do **Conselho Nacional de Proteção de Dados e da Privacidade**

REFERÊNCIAS BIBLIOGRÁFICAS

FRA – Agência dos Direitos Fundamentais da União Europeia. Manual da Legislação Europeia sobre Proteção de Dados. Conselho da Europa. Viena, 2014. Disponível em fra.europa.eu/sites/default/files/fra-2014-handbook-data-protection-pt.pdf

MORGADO, Laerte Ferreira. O cenário internacional de proteção de dados pessoais. Necessitamos de um Código Brasileiro? In: Âmbito Jurídico, Rio Grande, XII, n. 65, jun. 2009. Disponível em: http://www.ambitojuridico.com.br/site/index.php?n_link=revista_artigos_leitura&artigo_id=6336. Acesso em abr 2017.

NAIK, R. Let's take back control of our data – it's too precious to leave to the tech giants. The Guardian, out. 2017. Disponível em: https://www.theguardian.com/commentisfree/2017/oct/03/data-tech-giants-trail-digital-age. Acesso em 20 out. 2017.

PECK, Patrícia. Tendências na Proteção de Dados e Cyber Security: Inovação Tecnológica e Direito Digital. Palestra em 11 de abril de 2017. Disponível em http://www.pppadvogados.com.br/downloads/TRE_FIA_TEND%C3%8ANCIAS_PROTE%C3%87%C3%83O_DADOS_CYBERSECURITY_PECKECONVIDADOS_11042017.pdf

Regulamento (EU) 2016/679 do Parlamento Europeu e do Conselho de 27 de abril de 2016. Disponível em: http://eur-lex.europa.eu/legal-content/pt/TXT/PDF/?uri=CELEX:32016R0679&from=EN

Site Grupo de Pesquisa em Políticas Públicas para o Acesso à Informação da Universidade de São Paulo (GPoPAI-USP): monitora ações do Estado e de empresas que tenham impacto sobre a privacidade dos cidadãos. Disponível em: https://gpopai.usp.br/?page_id=263 . Acesso em 23 set. 2017.

Site Coalizão Direitos na Rede: promotora da campanha "Seus Dados São Você: liberdade, proteção e regulação". Disponível em https://direitosnarede.org.br/c/seus-dados-sao-vc/

. Acesso em 23 set. 2017.

VAZQUEZ, Rafael Ferraz. A proteção de dados pessoais nos Estados Unidos, União Europeia e América do Sul: interoperabilidade com a proposta de marco normativo no Brasil. 2010. Disponível em: http://www.publicadireito.com.br/artigos/?cod=87682805257e619d

Xeque-Mate: o tripé de proteção de dados pessoais no xadrez das iniciativas legislativas no Brasil. Relatório de jun. 2016. Grupo de Pesquisa em Políticas Públicas para o Acesso à Informação da Universidade de São Paulo (GPoPAI-USP). Disponível em https://gpopai.usp.br/?page_id=263. Acesso em: 2 mai. 2017.

O homem nu: tecnologias de vigilância e os perigos para a democracia

Pedro Kelson

Vemos um crescimento exponencial de aparatos de vigilância, resultante do avanço tecnológico das últimas décadas. A forma como nos relacionamos com os outros, pesquisamos informações, nos locomovemos nas cidades, teclamos, utilizamos as telas *touchscreen* e assistimos TV deixa rastros digitais. São esses rastros a matéria prima das refinarias de dados usadas por centenas de empresas e governos ao redor do mundo.

O professor alemão Martin Hilbert (2017), da Universidade da Califórnia, ilustra esse volume de dados comparando com o que foi a Biblioteca do Congresso americano. Segundo ele, ela foi, no passado, a principal referência de concentração de informação. Atualmente está disponível no mundo o equivalente a uma biblioteca para cada sete pessoas, montante que duplica a cada 2,5 anos. Em cinco anos, a perspectiva é de que haja uma biblioteca por indivíduo.

Segundo cálculos de alguns analistas, cada veículo autônomo, também conhecido como veículo robótico ou veículo sem motorista, gerará 100 gigabytes de dados por segundo. Para Hilbert, caso todos os dados disponíveis fossem transformados em livros, teríamos cerca de nove mil pilhas de livros, que iriam da Terra ao Sol.

Todos esses dados são processados e analisados e as informações extraídas por meio de algoritmos, com a ajuda de tecnologias de inteligência artificial. Com a evolução dessas tecnologias, reduz-se os custos dos equipamentos, amplia-se o acesso a essas técnicas para diferentes grupos com distintos interesses e propósitos e aumenta o alcance e a amplitude dessa vigilância.

O mercado e a regulamentação

Empresas gigantes do setor como a Alphabet (Google), Amazon, Apple, Facebook e Microsoft são as cinco maiores empresas de capital aberto do mundo e somaram, em lucros líquidos, mais de US$ 25 bilhões no primeiro trimestre de 2017. O Google sabe o que cada pessoa busca, o Facebook o que cada uma compartilha e a Amazon – responsável pela metade das vendas pela internet nos Estados Unidos – o que cada uma compra.

A revista *The Economist*, que anteriormente havia se posicionado contrária a qualquer tipo de controle e regulação do mercado de dados, agora revê sua posição. Frente ao poder imenso que esse setor econômico acumula é preciso, de acordo com a revista, repensar os órgãos reguladores. Enquanto na era industrial o tamanho da empresa era o critério para definir monopólio, na era digital o critério mudou e ainda não há novas metodologias de controle. "As autoridades antitruste precisam deixar a era industrial para trás e ingressar definitivamente no século 21" afirma a revista, no link http://economia.estadao.com.br/noticias/geral,uma-regulacao-para-as-gigantes-da-internet,70001765621.

Para Hilbert (2017) o problema da regulação norte-americana não é apenas de atualização de critérios e técnicas, mas de uma mudança nos propósitos dessas instituições, que nos últimos 30 anos passaram de agências de proteção à sociedade para agências de favorecimento de empresas.

Esse fato tornou-se evidente com o caso Snowden, que trouxe a público o uso da National Security Agency, a agência norte-americana de segurança nacional, para espionagem empresarial em todo o mundo, incluindo o Brasil, cuja principal empresa – a Petrobras – teve suas informações internas violadas. Difícil encontrar qualquer ligação entre dados sobre tecnologia de exploração de petróleo em grande profundidade com a segurança nacional norte-americana. Mais fácil é estabelecer relações com interesses comerciais.

Governos vigilantes

Além das empresas, os governos também passaram a se municiar de tecnologias de vigilância cada vez mais sofisticadas, comumente justificadas como incremento da segurança pública.

A vigilância constante traz consigo uma mudança de princípios muito importante. A ideia de que todos são inocentes até se prove o contrário muda para todos são possíveis culpados e devem ser vigiados até que se prove o contrário (PITA, 2017). Essa visão de mundo está calcada na ideia de que pessoas constantemente vigiadas desenvolvem em si a autodisciplina. Outra possibilidade é gerar o controle social através do medo e da passividade (RAMONET, 2016).

Esse estado de guerra permanente contra o terror é o principal argumento utilizado como justificativa para se formar um arsenal de ferramentas de vigilância e serve como um álibi moral perfeito para o endurecimento do controle social (RAMONET, 2016).

Mesmo na América Latina, região que tradicionalmente possui baixos investimentos e pouca tradição em vigilância e espionagem, tem-se visto um aumento na compra dessas tecnologias e o avanço em projetos de lei de que criminalizam práticas de segurança como a criptografia (PITA, 2017).

Mais eficientes do que os cassetetes e jatos d'água das forças de segurança são as novas armas de vigilância, que permitem identificar as lideranças de grupos não hegemônicos e tirá-las de campo antecipadamente (RAMONET, 2016).

No México, por exemplo, o governo investiu US$ 15 milhões no software Pegasus, usado, segundo o relatório *Derechos*

Digitales – Latin America in a Glimpse (2016), para espionar o jornalista investigativo Rafael Cabrera. Caso semelhante aconteceu no Paraguai. Já o governo do Peru comprou, por US$ 22 milhões, o software da Verint, que permite interceptar chamadas telefônicas, mensagens de texto, e-mails, chats e histórico de navegação da Web (PITA, 2017). Bolívia e El Salvador também estão às voltas com projetos de lei que visam legislar sobre práticas e comportamentos na internet.

No Brasil, os grandes investimentos públicos em vigilância aconteceram por exigência de uma organização privada, a FIFA. A pretexto da Copa do Mundo de 2014 foram criadas "salas de controle operacional", focadas em vigilância pública.

Casos mais recentes mostram o envolvimento da Polícia Federal com a espionagem do blogueiro Eduardo Guimarães, do Blog da Cidadania, que vazou a intenção da polícia de conduzir o ex-presidente Lula de forma coercitiva em investigação da operação Lava Jato. Segundo a ONG internacional Repórteres Sem Fronteiras, essas ações ferem a liberdade de imprensa e o direito de sigilo da fonte do jornalista, garantidas pela Constituição (PITA, 2017).

O aumento da vigilância repete-se também em nível estadual, com o programa Detecta, do governo do estado de São Paulo, desenvolvido em parceria com a iniciativa privada, para a formação de uma rede integrada de 10 mil câmeras de monitoramento pela cidade (PITA, 2017).

O aumento do aparato de controle social é alarmante, principalmente pelo contexto de efervescência social latino-americana (de uma forma geral) e brasileira (especificamente), com intensas e constantes manifestações políticas por parte da sociedade civil. É possível que essas tecnologias sejam utilizadas para desarticular os cidadãos e impedir a livre manifestação de ideias (PITA, 2017), fatores fundantes de uma democracia.

A crise da democracia e o agravamento com a Big Data

A redução das liberdades de manifestação e imprensa é um sintoma de enfraquecimento da democracia e tem se repetido em diversos lugares do mundo. Há um declínio mundial da democracia, segundo Diamond (2015). Esse declínio sucede mais de três décadas de crescimento quase constante no número de democracias no mundo, período chamado de Terceira Onda Democrática (DIAMOND, 2015).

O sistema democrático brasileiro baseia-se na representação e na participação para a sua manutenção e desenvolvimento. Para Teixeira (2016), contudo, ambos pilares estão doentes. Há o que ela chama de dupla patologia da democracia: a patologia da participação, marcada pelo distanciamento social da gestão do bem público; e a patologia da representação, marcada pela crise de representatividade.

As novas tecnologias da informação geram, por um lado, grandes benefícios à representação e à participação, como formas mais ágeis de consulta popular e fóruns digitais para tomadas de decisão. Por outro lado, geram novos desafios para a democracia, como a possibilidade de mecanismos de vigilância e controle onipresentes, descritos anteriormente. Esses mecanismos são algumas das ameaças à democracia vindas "de fora".

Mas há ainda riscos vindos "de dentro" da democracia, mais sutis e por isso mesmo preocupantes. Esses riscos se relacionam ao fato de nos exporem quase que por completo. Hilbert (2017) chega a afirmar que, "despreparada para a era digital, a democracia representativa está sendo destruída". Alguns desses riscos serão apresentados a seguir.

Controle da movimentação de pessoas

Diversas empresas têm acesso à localização de cada pessoa devido aos aparelhos de celular. O Google, por exemplo, pode rastrear através de aplicativos como o Google Maps, o Gmail e o próprio dispositivo Android. Empresas de cartão de crédito podem gerar dados com pontos de localização a cada vez que o cartão é utilizado. O Facebook tem acesso ao registro do local onde as curtidas são feitas.

As operadoras de telefonia móvel registram os deslocamentos por meio das conexões com as antenas. Usando o histórico de deslocamento dos últimos anos é possível criar padrões estatísticos. Assim, Hilbert (2017) afirma que é possível prever onde uma pessoa estará numa data futura com 95% de precisão. Ele dá como exemplo a experiência da empresa Telefônica, que vende informações sobre os locais exatos onde perfis específicos de pessoas costumam transitar. Por exemplo, uma empresa de gravata pode descobrir em quais ruas, em qual lado da calçada e em que horários costumam transitar mais homens com mais de trinta anos, ou então, eleitores indecisos.

Hilbert (2017) diz não se preocupar muito com o lado econômico/comercial dessa condição de transparência total, mas sim com a da democracia representativa, construída para um contexto completamente distinto desse propiciado pelas novas tecnologias da comunicação.

Mapeamento de personalidades

Não apenas a maneira como nos deslocamos territorialmente pode ser prevista e mapeada pela mineração de dados, mas também a maneira como nos posicionamos a respeito de diversos assuntos e até mesmo a maneira como pensamos.

A Big Data, como é chamada a técnica de trabalhar com grandes volumes de dados, começou a ser implementada na eleição de Barack Obama em 2012, nos Estados Unidos (HILBERT, 2017). Obama montou uma equipe de 40 engenheiros das grandes empresas de tecnologia e comprou uma base de dados de 16 milhões de eleitores indecisos selecionados, cruzando dados extraídos de tuítes, posts no Facebook e localização geográfica.

Conseguiram assim convencer 80% dos eleitores indecisos, com uma comunicação direcionada com grande precisão. Na eleição de Donald Trump, essa prática evoluiu e ganhou novos contornos. Grassegger e Krogerus (2017) escreveram um interessante artigo sobre a estratégia de campanha de Trump, eleito nas últimas eleições norte-americanas em 2017.

Por meio de "curtidas" em páginas e posts no Facebook, é possível determinar o perfil psicológico das pessoas, com uma técnica também chamada de Psicometria, resultado de uma série de pesquisas iniciadas na Universidade de Cambridge, no Reino Unido, pelo pesquisador polonês Michal Kosinski.

A Psicometria foi desenvolvida na década de 1980 por duas equipes de psicólogos, que traçaram cinco grandes traços de personalidade: abertura (disposição para novas experiências); *conscientiousness* (grau de perfeccionismo); extroversão (sociabilidade); afabilidade (quão atencioso e cooperativo); e neuroticidade (se a pessoa se aborrece facilmente).

A dificuldade de se realizar testes de Psicometria naquela época era a coleta de dados. Questionários longos e com perguntas de cunho muito pessoal tornavam a pesquisa difícil. A internet e o Facebook, este em especial, facilitaram muito esse processo ao permitir vias mais rápidas e simples como jogos para a obtenção dos dados. Para Grassegger e Krogerus (2017) "nosso smartphone (...) é um vasto questionário psicológico que estamos preenchendo constantemente, tanto consciente quanto inconscientemente".

Existem correlações que parecem simples e pouco significativas quando vistas de modo isolado, mas que quando somadas a outras dezenas ou até centenas de variáveis geram informações com grande precisão. Por exemplo, as pesquisas apontam que existe uma correlação entre homens que curtem a página da empresa de cosméticos MAC e suas orientações sexuais. Essas informações por si sós dizem pouco. Mas se cruzadas com outras tantas correlações são capazes de gerar informações com grande precisão.

Foi essa a metodologia usada pelo Dr. Kosinski que, em 2012, provou que com uma base média de 68 "curtidas" era possível definir com 95% de probabilidade de acerto a cor da pele de uma pessoa, 88% a orientação sexual e, com 85% de chances, a sua filiação partidária. Era possível prever outras características como o nível de inteligência, vínculos religiosos, uso de drogas e até se a pessoa seria ou não filha de pais separados.

Segundo a pesquisa, com 70 "curtidas" processadas pelos algoritmos, era possível prever com mais precisão o perfil psicológico de uma pessoa do que se tivesse ela sido analisada por um amigo. Com 150, a precisão seria maior do que se fosse analisada pelos pais da pessoa e com 300 a acuidade seria maior do que se analisada pelo parceiro afetivo. Se o banco de dados for maior do que isso, provavelmente a resposta dada pelo algoritmo poderia superar a resposta que uma pessoa daria sobre si.

A Big Data e a Psicometria foram apropriadas pela empresa Cambridge Analytica, que as usou como uma ferramenta de marketing online para campanhas políticas. Essa empresa prestou serviço, por exemplo, para a Leave.EU, para mobilizar a população da Grã-Bretanha a se posicionar a favor da saída do país da União Europeia.

A maior parte das campanhas políticas no passado usava dados demográficos para a elaboração de estratégias. A Cambrigde Analityca passou a usar uma combinação de Psicometria, análise de Big Data e publicidade segmentada (comerciais precisamente personalizados às características de personalidade de consumidores individuais).

A implementação deste trabalho segue o seguinte fluxo: a empresa compra dados pessoais de um conjunto de fontes diferentes, como registros de imóveis, dados automotivos, dados de compras, cartões de bônus, associação a clubes, assinaturas de revistas e jornais, igrejas que frequenta e filiações partidárias. Empresas globais como Acxiom e Experian são parceiras da Cambridge.

A empresa estabeleceu como alvo 32 tipos de personalidade, distribuídos em 17 Estados norte-americanos. Os rastros digitais tornaram-se então pessoas reais, com medos, interesses, necessidades e endereços residenciais e de trabalho mapeados. "Quase toda mensagem que Trump emitiu foi guiada por dados", informam Grassegger e Krogerus (2017). A comunicação passou a ser feita com uma precisão que chega a alcançar grupos étnicos específicos, moradores de um determinado conjunto habitacional, até mesmo em nível individual. Por exemplo, assim como Kosinski havia estabelecido uma correlação entre orientação sexual e a marca de cosméticos MAC, a Cambridge Analytics percebeu que pessoas que compram carros de marcas norte-americanas têm maior probabilidade para votar em Donald Trump.

Assim, a comunicação política se atomiza e alcança individualmente cada pessoa, dizendo exatamente o que quer ouvir – mesmo que isso signifique que o mesmo candidato vai dizer coisas antagônicas para pessoas diferentes. O compromisso político com pautas e agendas se esvai. O marketing se sobrepõe às crenças de forma definitiva e a representação política passa a ser cada vez mais obsoleta. Some-se a isso a possibilidade de repressão igualmente precisa e preventiva e nos encontraremos nus e frágeis em um campo de guerra.

Referências bibliográficas

DIAMOND, Larry. *O Espírito da Democracia: a Luta pela Construção de Sociedades Livres em Todo Mundo.* Curitiba: Instituto Atuação, 2015.

Livro sobre o estado da democracia no mundo, do pesquisador Larry Diamond, da Universidade de Stanford.

FERNANDES, Daniela. *Condução Coercitiva de Blogueiro é Grave Atentado à Liberdade de Imprensa*, 2017. BBC. Disponível em <http://www.bbc.com/portuguese/brasil-39309746> Acessado em 20/06/2017.

Matéria com diretor da ONG internacional Repórteres Sem Fronteiras, sobre a ação da Polícia Federal com blogueiro Eduardo Guimarães, do Blog da Cidadania, que vazou a informação que o ex-presidente Lula seria conduzido coercitivamentea delegacia, para prestar depoimento para Operação Lava Jato.

GRASSEGGER, Hannes; KROGERUS, Mikael. *Big Data: Toda Democracia será Manipulada?*, 2017. Outras Palavras. Disponível em < http://outraspalavras.net/posts/big-data-toda-democracia-sera-manipulada/ >. Acessado em 19/06/2017.

Artigo escrito por Grassegger e Krogerus e traduzido por Inês Castilho em 2017 conta a história da criação da Psicometria, do modelo OCEAN e de seu uso na construção de estratégia política na campanha de Donald Trump.

HILBERT, Martin. *Despreparada para a Era Digital, a Democracia Está Sendo Destruída*, 2017. BBC. Disponível em <http://www.bbc.com/portuguese/geral-39535650>. Acessado em 19/06/2017.

Entrevista com o Prof. Martin Hilbert, da Universidade da Califórnia, sobre os perigos da Big Data para a Democracia Representativa.

PITA, Marina. *Por que Precisamos da Criptografia.* Disponível em <https://outraspalavras.net/blog/2017/04/24/por-que-precisamos-da-criptografia/#more-14084>. Acessado em 20/06/2017.

Artigo de Marina Pita, sobre com um breve panorama do estado da vigilância e sua ameaça à democracia.

RAMONET, Ignacio. *O Novo Estado da Vigilância Global*, 2016. Outras Palavras. Disponível em < http://outraspalavras.net/posts/o-novo-estado-da-vigilancia-global/ >. Acessado em 21/06/2017.

Ramonet foi, por quase vinte anos, diretor do *Le Monde Diplomatique* e nesse artigo apresenta de forma muito interessante como novos produtos e tecnologias têm aproximado a nossa realidade ao que George Orwell descreveu em sua obra 1984.

TEIXEIRA, Luiza Reis. *Legislativos Municipais: Dilemas entre Representação e Participação*. São Paulo: Fundação Getúlio Vargas, 2016.

Tese de doutorado sobre os modelos de participação da sociedade civil nas tomadas de decisão, apresentada na FGV.

The Economist. *Uma Regulação para as Gigantes da Internet*. Disponível em <http://economia.estadao.com.br/noticias/geral,uma-regulacao-para-as-gigantes-da-internet,70001765621>. Acessado em 20/06/2017.

Artigo escrito pela revista The Economist e traduzido e publicado em português pelo jornal *O Estado de São Paulo* sobre a necessidade de regular o mercado de dados para impedir monopólios e trustes.

Relatório da Derechos Digitales. *Latin America in a Glimpse*. Disponível em <https://www.gp-digital.org/wp-content/uploads/2016/12/Latin-America-in-a-Glimpse-eng.pdf>. Acessado em 20/06/2017.

Relatório publicado pela organização mexicana Derechos Digitales, sobre o estado dos Direitos Digitais na região.

Invasão de privacidade: ferramentas de apropriação indébita

Arlindo M. Esteves Rodrigues[16]

16 Professor nos cursos superiores de Administração, Gestão Ambiental e Gestão Sustentável. Mestre em administração e doutor em ciências sociais, ambos pela PUC-SP. A pesquisa doutoral foi sobre os segmentos ideológicos socioambientais com ênfase no ecossocialismo. Em agosto de 2016, iniciou pós-doutorado na Administração com o tema "Administração de bens Comuns: Caso da Água" na PUC-SP. Pesquisador do Núcleo do Estudo do Futuro (PUC-SP).

O objetivo deste texto é debater os riscos envolvidos na perda do controle sobre as informações pessoais da sociedade civil e as ferramentas utilizadas nessa apropriação indébita pelas corporações e pelo Estado. O termo "privacidade" de nossas informações foi tema de um alerta do ensaísta crítico de novas tecnologias, Nicholas Carr: há um desequilíbrio de poder gerado pela falta de nossa consciência sobre o alcance da violação de privacidade quando estamos conectados, isto é, não nos é permitido saber exatamente quais informações sobre nós foram armazenadas e como serão usadas para propaganda ou outros propósitos. Assim, o autor considera que "esse desequilíbrio de poder nos deixa abertos à manipulação e à exploração (ELOLA, 2015). Perante essa provocação, o texto se propõe a apresentar informações sobre as formas e riscos de apropriação indébita dos dados pessoais. A opção de utilizar artigos disponíveis na internet e revistas como fontes foi alertar que o olhar crítico sobre a relação entre a sociedade e as redes sociais está disponível nas próprias redes, acessível a todos. Porém para chegar a esse olhar é importante uma leitura atenta desses textos.

A conectividade eletrônica está cada vez mais presente nas rotinas das pessoas. A sociedade está *linkada* por muitas formas e ferramentas – pode ser por celulares, computadores e televisões. Essas diversas formas que nos associam ao plano "conectividade" estão ilustradas na Figura 1 pelos pequenos círculos e listadas no capítulo Captura das Informações.

Figura 1: Pontos de Conectividade

Fonte: CLAVELL, 2015

Por um lado, essa conexão facilita a aproximação entre as pessoas, principalmente quando essas estão afastadas geograficamente. Essa conectividade possibilita, por exemplo, que familiares acompanhem seus parentes mesmo quando estão separados por milhares de quilômetros. A ciência e o conhecimento também usufruem dessa facilidade, pois o diálogo entre pesquisadores, que até algumas há décadas somente ocorria por cartas com dias de distância, ganhou a instantaneidade e a superação da dependência da comunicação escrita. Agora, esses diálogos podem ocorrer por vídeos – assim, o som e a imagem foram incorporados nessa dinâmica.

Por outro lado, as informações pessoais, rastros digitais, imagens, emoções, interesses e relacionamentos são transformados em bytes e armazenados em servidores por organizações. Essas informações se tornaram dados importantes, pois indicam rotinas e tendências de comportamento e, assim, podem revelar o potencial de consumo de indivíduos ou, ainda, formas de convencimento específico para cada usuário ao consumismo. Assim, a captura dessas informações fornece importante *input* no mapeamento de nichos consumidores pelas organizações responsáveis pela indústria da propaganda.

Nesse processo, as organizações, que já se apropriam do conhecimento socialmente acumulado avançam para incorporar informações pessoais em seus processos produtivos, alargando a sua apropriação indébita. Essa apropriação foi explicada por Gar Alperovitz na sua obra *Apropriação Indébita: Como os Ricos estão Tomando a Nossa Herança Comum*. Nesse livro, Alperovitz (2010) expõe como as corporações se tornaram hábeis em produzir riqueza incorporando o conhecimento adquirido no decorrer da história da civilização e, ao mesmo tempo, cobrar remuneração pelo valor total do produto, incluindo, além da sua contribuição, a acumulada no decorrer da história da sociedade. Para o autor, essa última parte é a renda não merecida.

O filósofo Leandro Konder expõe de forma direta a riqueza dessa herança:

> Cada geração encontra, legada pela geração anterior, determinada estrutura social organizada, determinado estatuto de propriedade. Determinadas relações sociais de produção. Encontra igualmente determinadas forças sociais produtivas, desenvolvidas até um certo ponto que foi alcançado no tempo da geração precedente. Cumpre-lhe, como tarefa de vital importância, prosseguir no desenvolvimento das forças sociais produtivas, a fim de assegurar melhores condições materiais de existência e levar avante o progresso tecnológico, a dominação da natureza pela humanidade (KONDER, 2009, p. 50).

Para Alperovitz (2010, p. 25), o conhecimento acumulado é fonte da riqueza acumulada e "não é através de qualquer esforço próprio que todo esse conhecimento – a indiscutível fonte de toda a riqueza moderna – hoje nos chega. É uma oferta, generosa e não merecida, do passado". Alperovitz (2010, p. 113) ilustra o impacto do conhecimento na sociedade: "para cada mil dólares acrescentados à pesquisa científica, foram gerados US$ 53 mil em produção rural adicional".

No mesmo sentido dos conceitos de Alperovitz, Konder (2009, p. 50) afirmou que o desenvolvimento das condições produtivas não tem como consequência automática a evolução na organização social e nem nas relações sociais. Essa cisão entre evoluções ocorre pela apropriação dessa herança pelas corporações ao incorporá-la no valor cobrado por seus "produtos".

No processo de apropriação indébita das informações pessoais acumuladas, a sociedade adquire mais um aspecto da alienação, o de sua privacidade, isto é, a perda do domínio sobre suas próprias informações. Como os demais processos de alienação, quando ocorre a cisão entre o ser humano e o seu trabalho, sua própria espécie e a natureza (KONDER, 2009, p. 48), há a perda do domínio, pelasociedade, sobresuas próprias informações. Sem controle sobre quais são as informações armazenadas e como elas serão aplicadas ocorre, nessa dinâmica da alienação, a cisão entre o ser humano e suas informações e a apropriação dessas para a concentração de riqueza pelo setor que o captura, como foi alertado por Carr na primeira página desse texto.

Um dos pontos complexos dessa dinâmica é que as informações são saqueadas com a ajuda dos próprios "donos". Um momento dessa "cumplicidade de invasão" ocorre quando os mesmos pagam com informações pessoais o acesso à web em shopping, quando usam cartões de fidelidade, atendimentos personalizados, entre outras promessas de serviços "gratuitos".

Um exemplo da alienação da sociedade em relação às suas informações é o Bilhete Único implementado pela prefeitura da cidade de São Paulo. Para obtê-lo, o usuário fornece seus dados pessoais e foto no site da SPTrans, gestora do transporte público do município de São Paulo. Este bilhete é pessoal e intransferível e seu uso é vigiado por câmaras instaladas nas catracas dos ônibus. Considerando que a sociedade o utiliza nos trens, metrô e ônibus, o registro da movimentação do usuário pode ser relevante insumo para gestão pública de mobilidade urbana, porque indica os hábitos dos cidadãos, locais e horários de maior fluxo. Porém, o planejamento de transporte público não é a única finalidade possível. Esses dados podem também ser instrumento de vigilância massiva (CARDOSO, 2015).

> Não cabe aqui o debate sobre modelo de transporte. Mas este é um excelente exemplo de como, e rapidamente, as informações sobre os cidadãos/ãs e consumidores/as estarão estruturadas em bancos de dados, de forma a permitir seu cruzamento por sistemas chamados de "big data" ou "business inteligence" (BI) com finalidades as mais diversas, sem que estejamos sob controle desse processo (CARDOSO, 2015).

O exemplo do Bilhete Único é agravado pela falta de informação sobre a política de privacidade e solicitação de consentimento do cidadão para o uso de seus dados. Nesse caso, há radical falta de transparência de política de privacidade (CARDOSO, 2015). Esse cenário tem risco de piorar com a proposta da gestão municipal empossada em 2017 de privatização da gestão do Bilhete Único, prevista no Plano Municipal de Desestatização (PMD): se isso acontecer, as informações associadas ao bilhete passarão sob o domínio do setor privado, ainda sem qualquer transparência e controle social.

Há outro projeto desta gestão municipal envolvendo invasão de privacidade: a privatização do serviço "WI-FI Livre SP". Nessa proposta, o setor privado fornecerá a infraestrutura de conectividade, ampliando a rede de locais disponíveis de acesso. Em contrapartida, o retorno financeiro deste investimento será obtido pela "exploração de publicidade digital, exposição de marca ou outra forma de remuneração" (PMSP, 2017). A reportagem na Rede TVT sobre essa proposta aponta para sérios riscos à privacidade dos usuários do Wi-Fi Livre, pois observou-se que o projeto prevê o uso ou venda de seus dados pessoais e de navegação (REDE TVT, 2017).

A preocupação exposta nessa reportagem é confirmada pelo pesquisador Bruno Bioni. Ele analisou a proposta inicial e a argumentação da prefeitura. Ao buscar a viabilidade econômica da conexão pública à internet, o poder público prevê a "parceria com a iniciativa privada que torna possível compreender o perfil dos consumidores e definir uma base de dados assertiva para adequação de anúncios". Após esse estudo, o pesquisador afirma que "a prefeitura quer implantar um sistema para coletar e analisar os dados pessoais dos cidadãos e cidadãs que usarem o serviço. Quer também analisar a navegação de cada pessoa e vender esses dados para a iniciativa privada como forma de gerar receita" (LEMOS, 2017). Assim, o poder público torna-se um dos agentes de invasão de privacidade.

Para serem incorporadas na geração de renda, as informações contidas nos cadastros e históricos de navegação devem ser capturadas e estruturadas.

Captura das Informações

A interação nas redes sociais é uma das principais fontes das informações capturadas, mas não é feita de maneira homogênea e muito menos sem conflito. O comportamento social na rede ao mesmo tempo revela e dissimula a essência do usuário e sua privacidade. Em termos ideológicos, o alerta de Nicholas Carr é uma provocação interessante: "não somos tão livres para pensar de um modo distinto" (ELOLA, 2015), pois por um lado, conforme próprio Carr, há construção de uma imagem pública, muitas vezes ocultando pensamento e emoções, visando somente a aceitação social (ELOLA, 2015). Por outro lado, há riscos sociais com opiniões e informações pessoais quando essas não estão no padrão imposto pelo pensamento hegemônico. Nesse sentido a entrevista à revista *Caros Ami-*

gos de Tico Santa Cruz, músico da banda Detonautas, ilustra esse cenário, ao expor que sua participação ativa na campanha contra a cassação do mandato da presidenta Dilma pelas redes sociais – chegando a atingir 41 milhões de pessoas por semana – desagradou o mercado conservador da música, seus patrocinadores e a mídia. Isso provocou queda de convites para realizar shows e participar de grandes festivais, além de mensagens de "ódio" na sua rede social (NABUCO, 2017).

Essa dinâmica é agravada pela percepção do usuário de pertencer a um grupo de pensamento hegemônico, juízo este proporcionado pela "bolha". Essa bolha é construída por algoritmo que seleciona a *timeline* pessoal por similaridade de opinião e gostos, cegando as pessoas para outras opiniões (PRIMI, 2017, p. 19), com o real perigo de essa ilusória "certeza" de que sua opinião e percepção social são "verdades absolutas". Esse algoritmo é construído por equipes multidisciplinares, engenheiros, programadores, psicólogos e sociólogos (PRIMI, 2017, p. 22). Porém, conforme o alerta de Paulo Castro, a questão social crítica envolvida no uso de algoritmos é que a maioria dos usuários das redes sociais "não tem ideia do que significa a organização de uma *timeline*, não tem ideia do que significa a lógica publicitária que está por trás do Facebook, o tipo de anúncios..." (PRIMI, 2017, p. 18).

Apesar de a privacidade, no seu aspecto individual, estar subordinada aos padrões ideológicos hegemônicos, há vozes contra-hegemônicas na rede, que pretendem se apropriar do plano virtual para divulgar e dialogar utopias, isto é, a construção concreta de outra sociedade. Para Castro, a interação da sociedade nas redes sociais possibilita a auto-emancipação política do cidadão, pois a situação de receptores passivos na interação com as grandes mídias é superada pela possibilidade de "eu posso dizer" (PRIMI, 2017, p. 19). Essa transformação permite que vozes críticas tenham maior capilaridade social. Assim, sites como Envolverde, Mercado Ético, Portal Ecodebate, 350.org, Reporterre entre muitos, de ONGs ou de pessoas, podem apresentar suas posições críticas e propostas de transformação a todos no planeta, independente de sua ideologia e localização geográfica.

Toda essa interação nas redes sociais é capturada para mapear o comportamento do usuário, mas as vivências apreendidas não são apenas as virtuais. Há uma ampla diversidade de formas e origens de informações pessoais coletáveis. Clavell (2015), doutora em políticas públicas e diretora de pesquisa da Eticas Research and Consulting, relacionou algumas formas que demonstram essa multiplicidade:

– Videovigilância: as imagens podem ser interceptadas.

– Medidores de eletricidade e termostatos: fornecem informação sobre hábitos.

– Televisores inteligentes e consoles de videogames: possuem câmeras e microfones.

– Controles biométricos de entrada e saída.

– Monitoramento remoto no trabalho: capturas de tela para medir a produtividade do trabalhador.

– Bases de dados pessoais: podem conter dados fiscais e de saúde dos clientes.

– Sensores de contagem de pessoas: monitoram o fluxo de compradores e os tempos de compra.

– Cartões de fidelidade: em troca de descontos, criam perfis do comprador.

– iBeacon: envia ofertas para celulares próximos.

– Wifi gratuito: pode ser oferecido em troca do acesso ao perfil do Facebook.

– Bilhetes de transportes públicos: cartões recarregáveis que produzem dados de deslocamentos.

– Redes de bicicletas públicas: registro dos trajetos.

– Carros: existem sistemas para ler as placas.

– Telefonia móvel: permite geolocalizar.

– Câmeras térmicas e sensores sonoros: medem o fluxo de pedestres e níveis de ruído.

– Mobiliário urbano que detecta a presença de pedestres.

– Sistemas de estacionamento: o pagamento com cartão de vagas azuis e verdes gera dados do usuário.

Nesta relação, o celular é um grande fornecedor de informações, pois sua localização e circulação são transmitidos à operadora, ao Google Maps e ao Gmail sem nosso conhecimento (LISSARDY, 2017). Outra fonte de captura de dados silenciosa é a Internet das Coisas, conforme alerta de Vicente Argentino Neto no capítulo Proteção de Dados Pessoais dessa coletânea. A internet presente nos utensílios nas casas acusa os hábitos e preferências de consumo das famílias. O alerta é relevante: "Até o momento não houve uma intensa discussão sobre como tais dados serão salvaguardados" (LISSARDY, 2017).

Estruturação das informações

As informações pessoais, após sua captura, devem ser estruturadas para possibilitar sua análise e sua utilização pela gestão pública ou privada. Nesse processo, o *Big Data* é uma das principais ferramentas na organização das informações apreendidas, por sua capacidade de processamento de enorme quantidade de dados. Para apregoar suas vantagens e oportunidades, as corporações da área de tecnologia da informação contratam "evangelizadores" do *Big Data*. Uma argumentação forte usada a seu favor é o "grande potencial para o uso de informações estruturadas para o bem, seja para identificar padrões de adoecimento, seja para o planejamento de políticas de transporte ou para a oferta de melhores serviços" (CARDOSO, 2015).

Mas a utilidade social do uso de *Big Data* para processar dados pessoais não é unanimidade. Se, por um lado, esses "evangelizadores" são valorizados pelas empresas que buscam essas informações, por outro lado são questionados por entidades da sociedade civil sobre os riscos desses dados consolidados acirrarem a segregação e exclusão econômica e social (CARDOSO, 2015).

Essas informações são cobiçadas por empresas como os *Data Brokers*. Esses são como corretores de dados que gerenciam as informações, com a proposta de devolver parte dos lucros da "economia dos dados" aos seus geradores (CLAVELL, 2015). A amplitude da captura dessas informações abrange, além da navegação, compras, relacionamentos e interações comerciais e pessoais; envolve relatórios médicos, dados fiscais, de renda e bancários. Os riscos que este cruzamento de dados pode gerar para as pessoas são a possibilidade, ou não, de acesso à crédito, planos de saúde mais ou menos caros e empregabilidade. Para Clavell: "De repente, o preço pago com informações pessoais surge como algo totalmente desproporcionado e incontrolável".

Mesmo quando as informações estão aparentemente desconectadas, a associação de dados não relevantes pode ser fator de risco. Por exemplo, se um gerente de agência bancária publica seu local de trabalho em um cadastro e fotos com a família na rede social, delinquentes podem deduzir sua rotina pessoal, colocando-o em risco de ação criminosa. Um exemplo concreto do uso infrator de informação dispersa foi o golpe de Stanley Rifkin na sala de transferência do Pacific Bank, em 1978. Ele observou que os operadores de transferência recebiam um código secreto todos os dias pela manhã. Associou três informações: Código Diário Secreto (4789) disponível em um lugar visível para todos da sala, número do escritório (289) anotado em um *post-it* ao lado de um computador e o número de estabelecimento entre escritórios (3316). Com essas informações, em um telefone público, ele simulou ser Mike Hansen, membro do Departamento Internacional do banco, e transferiu US$ 10 milhões para uma conta na Suíça. Com esse desfalque, Rifkin entrou para o Guinness Book na categoria "maior fraude de computadores", apesar de não ter utilizado diretamente nenhum computador em seu golpe (TORRES, 2016).

Destino das informações

As informações estruturadas geram conhecimento de uma precisão surpreendente. Os índices apontados por Martin Hilbert, professor da Universidade da Califórnia e assessor de tecnologia da Biblioteca do Congresso dos Estados Unidos, confirmam a necessidade de se preocupar com dados pessoais: as operadoras de celular sabem os locais que cada usuário frequenta e sua localização a cada momento, quantas chamadas fez e para quem. Assim, ao aplicar metadados e reengenharia reversa, essas empresas consegue prever, com até 95% de precisão, onde e a que hora do dia uma pessoa estará em dois meses e, com 80% de precisão, o gênero, renda, educação do usuário (LISSARDY, 2017).

Hilbert ilustrou a capacidade de projeção a partir do comportamento nas redes sociais com o resultado da pesquisa na Universidade de Cambridge, Reino Unido, apresentado no texto *O Homem Nu*, de Pedro Kelson, no primeiro capítulo desta publicação. Ospesquisadores mapearam a personalidade de indivíduos a partir das suas "curtidas" na rede e chegaram a resultado em que, com a amostra de cem "curtidas" nas redes sociais, pode-se deduzir sua personalidade, com fatores como orientação sexual, origem étnica, opinião religiosa e política, nível de inteligência, se é viciado em substâncias ou se tem pais separados. Com 150 "curtidas", pode-se prever a personalidade do usuário melhor que seu companheiro (a) e com 250 "curtidas", o algoritmo tem elementos para conhecê-lo melhor que ele mesmo (LISSARDY, 2017). Esse conhecimento acumulado é uma poderosa ferramenta para instituições privadas e públicas.

A apropriação das informações pessoais, associada ao efeito "bolha" das redes sociais, tem sido utilizada com resultados positivos por alguns políticos. A maior despesa da campanha de Barack Obama em 2012 não foi para comerciais de TV: criou-se um grupo de 40 engenheiros recrutados em empresas como Google, Facebook, Craigslist – e que incluiu até jogadores profissionais de pôquer. A campanha pagou milhões de dólares pelo desenvolvimento de uma base de dados de 16 milhões de eleitores indecisos: 16 milhões de perfis com diferentes dados: tuítes, posts do Facebook, onde viviam, o que assistiam na TV (LISSARDY, 2017). Ao conhecer as preferências de cada uma dessas pessoas, quando o amigo no Facebook de alguma delas "curtia" a página de Obama, a equipe ganhava acesso à página desse amigo e passava a enviar-lhe mensagens. Conseguiram mudar a opinião de 80% das pessoas alcançadas desta maneira. O foco não era apresentar informações e sim comunicar "apenas o que querem escutar" (LISSARDY, 2017).

Para Martin Hilbert, "Vivemos em um mundo onde políticos podem usar a tecnologia para mudar mentes, operadoras de telefonia celular podem prever nossa localização e algoritmos das redes sociais conseguem decifrar nossa personalidade melhor do que nossos parceiros, afirma" (LISSARDY, 2017).

Uso privado: corporações

As empresas de propaganda são um dos principais destinos das informações apropriadas. A publicidade é uma das ferramentas fundamentais do capitalismo. Todos os anos, gasta-se em torno de US$ 1 trilhão em publicidade nos meios de comunicação (DOWBOR, 2013, p. 66) a fim de convencer a sociedade a consumir "coisas", desnecessárias na maioria das vezes. Esse volume monetário garante a cumplicidade dos meios de comunicação e a ilusão de que a felicidade está na compra da nova versão de determinado produto. Como o consumo não se traduz em felicidade, a eterna frustração aprisiona a sociedade no ciclo consumo-frustração-mais-consumo e, consequentemente, aumenta a concentração de riqueza e mantém o poder financeiro e político da classe detentora do capital.

Além do consumo, a publicidade evoluiu como ferramenta política de imposição de valores sociais, pois ao "valorizarem" marcas, modelos de beleza e padrões de comportamento, as propagandas instituem valores éticos e políticos. A eficiência dessa dinâmica é proporcionada pela captura dos dados pessoais, que indicam tendências de comportamento e, consequentemente, formas de convencimento.

Ciberbullying e pornô de revanche

Apesar do ciberbullying não ser caracterizado como uma invasão de privacidade feita por instituições, está presente nesse texto por sua perversidade e agressão aos direitos humanos. A captura e divulgação de fotos íntimas ganha dramaticidade quando atinge jovens, pois um vídeo de sexo ou mesmo uma cena de nudez parcial apresenta um severo risco de destruir a vida de meninas e mulheres – e não dos homens que não raro aparecem nas imagens (DIP, 2013). Uma adolescente ouvida pela reportagem resume o sentimento de uma jovem vítima dessa invasão de privacidade: "Deve ser como naqueles sonhos em que você aparece nua de repente na frente da escola inteira. Só que na vida real é para o mundo inteiro" (DIP, 2013). Uma das formas de exposição ao risco do ciberbullying é a prática de *sexting*, troca de fotos eróticas. Esse comportamento ocorre quando os jovens se sentem confiantes e íntimos e não consideram os riscos envolvidos na guarda digital dessas fotos.

O agravamento emocional dessa invasão é alertado pela socióloga Heloísa Buarque de Almeida: "o que acontece agora é que como grande parte da sociabilidade é feita de forma virtual, o nível de exposição é muito maior e isso amplia a sensação de humilhação" (DIP, 2013).

A reportagem de Andrea Dip e Giulia Afiune apresenta a face mais perversa do ciberbullying com exemplos, representando muitas meninas e mulheres, de Julia Rebeca do Piauí e Giana Fabi do Rio Grande do Sul. Elas foram vítimas da prática machista chamada "pornô de revanche", "*revenge porn*", ao terem suas imagens íntimas divulgadas. Não resistiram a pressão, suicidaram-se (DIP, 2013).

Essa reportagem apresenta vários gráficos. O que ilustra os riscos da convivência no ambiente virtual está apresentado abaixo:

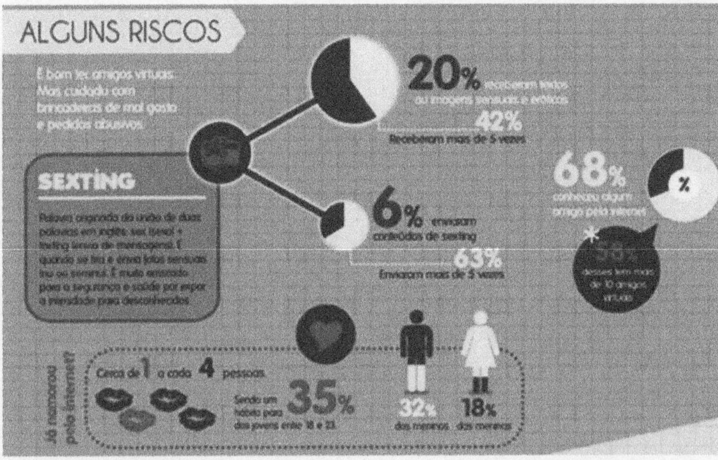

Fonte: Dip, 2013

Essa crise não atinge apenas os países subdesenvolvidos. Em 2012, apenas nos Estados Unidos, nove adolescentes cometeram suicídio, supostamente por terem sofrido ciberbullying em uma rede social chamada Ask (DIP, 2013).

O Canadá também enfrenta esse desafio social, como demonstrou estudo apresentado no Congresso de ACFAS, na Universidade McGill. Esse estudo, com a amostra de 6.540 alunos, chegou à conclusão de que o *cyberbullying* atinge mais frequentemente as meninas. Há também diferenças em relação a orientações sexuais: as minorias sexuais jovens, incluindo os homossexuais (29% das lésbicas e 27% dos gays) e bissexuais (36% das meninas e 24% meninos) são mais afetadas por esta forma de intimidação que heterossexuais (25% das meninas e 17% meninos) (GRAVEL, 2017).

Uso pelo poder público

Além do uso privado, o setor público também é um forte usuário das informações pessoais da população, seja para o planejamento de um melhor atendimento das necessidades sociais, seja para a imposição do poder do Estado. Malkia Cyrill, diretora do *Center for Media Justice* e ativista do movimento negro estadunidense, alerta que "qualquer sistema deve ser avaliado não pela intenção do proponente, mas pelos resultados reais" que proporciona. Assim, o argumento segundo o auql a vigilância massiva, pela captura dos dados pessoais, visa a proteger a segurança nacional não justifica a violação do direito à privacidade de toda uma comunidade (CARDOSO, 2015). Nesse sentido, a advertência de Jeff Jarvis (ELOLA, 2015) é uma provocação necessária:

> Eu me preocupo com o que os governos fazem. Eles são apresentados como os maiores protetores da privacidade quando na verdade são seus piores inimigos. Eles podem reunir, como nenhum outro poder, informações sobre nós e usá-las contra nós. Quando a NSA roubou informações de pessoas, isso era algo de que eu não estava consciente e que não podia controlar.

O temor de Jarvis pode ser justificado por vários exemplos do uso da invasão de privacidade em medidas de repressão e violência do Estado. Um deles é a diretriz do Programa "Olhos de Águia" da Polícia Militar (PM) do estado de São Paulo. Desde as manifestações de 2013, a PM tem coletado uma grande quantidade de informações dos manifestantes das diversas orientações ideológicas. A preocupação está na falta de transparência sobre quais são essas informações e seus fins. A ONG Artigo 19 buscou, via Lei de Acesso à Informação, informações sobre as filmagens dos protestos, porém sem sucesso, mesmo acionando a Justiça (Artigo 19, 2017). O risco do uso repressivo das informações pessoais pode ser ilustrado pelo caso dos 22 jovens presos pela política enquanto se encaminhavam a uma manifestação contra o governo Temer em setembro de 2016 (GONÇALVES, 2017).

Inicialmente, o juiz Paulo Rodrigo, do Tribunal de Justiça de São Paulo, considerou a prisão ilegal. Registrou, na decisão, que "vivemos dias tristes para a nossa democracia. Triste do país em que seus cidadãos precisam aguentar tudo de boca fechada". Mas o processo retornou, pelas mãos da juíza Cecília Pinheiro da Fonseca, da 3ª Vara Criminal de São Paulo, ao acatar a denúncia do Ministério Público de São Paulo de que os jovens seriam responsáveis por crimes como formação de quadrilha e corrupção de menores (GONÇALVES, 2017). O parecer do advogado e colunista do portal jurídico *Justificando*, Brenno Tardelli, denuncia o perfil kafkiano desse caso:

> Essa referência utilizada pela juíza, com todo o respeito ao autor, não faz sentido em um Estado de Direito que pressupõe provas para que qualquer pessoa seja processada. Afinal, da mesma forma que o Estado não quer "a existência de agrupamentos organizados e estáveis", não é de interesse de ninguém que pessoas inocentes sejam processadas, principalmente se sobre elas não recai nenhuma prova que não seja a ilegal e incompetente infiltração de um oficial do exército em um grupo civil (GONÇALVES, 2017).

Outro ponto questionável na conduta do poder público, nessa ocorrência, é a sua resistência a considerar as câmeras de segurança disponíveis no local em que os jovens foram presos, o que poderia inocentá-los. Uma possível consequência social desse processo é o prejuízo dos acusados em sua empregabilidade. Mesmo se forem considerados inocentes, a pesquisa do futuro empregador acusará sua passagem pela prisão sob a acusação de formação de quadrilha (GONÇALVES, 2017). Este caso comprova a preocupação presente no texto *O Homem Nu* de Pedro Kelson, de que o Estado utilize as violações da privacidade como ferramenta do "controle social através do medo e da passividade".

A invasão da privacidade foi incorporada na repressão aos jovens nas periferias de São Paulo pela prática de "revista" em celulares na abordagem desses cidadãos por alguns policiais. Nesse tipo de abordagem, os agentes vasculham fotos, mensagens, agenda e demais informações contidas no celular (SALLES, 2017). Esse procedimento foi criticado pelo vice-presidente do Instituto de Defesa do Direito de Defesa (IDDD), Dr. Hugo Leonardo: "Quando o policial obriga o cidadão a entregar o celular para que ele faça uma checagem, isso se torna crime de quebra de sigilo. E aí a gente ainda vê um abuso de autoridade, porque o policial sabe que não pode fazer isso. Existe a necessidade de uma ordem judicial para isso".

Considerações finais

A sociedade tem o desafio de compreender os mecanismos de invasão de privacidade e intervir na defesa de suas informações pessoais. Nesse sentido, a transparência dos papéis de todos os agentes (corporações, poder público e famílias) e o respeito aos contratos sociais são importantes na construção de uma outra lógica de domínio das informações pessoais. E são pontos fundamentais para cidadania soberana, como alerta de Mafra no capítulo *A Privacidade como Direito Fundamental da Pessoa Humana,* desta coletânea: o direito de não ser invadido é, de acordo com a noção dos direitos fundamentais da pessoa humana, inalienável, pois para o autor "o direito à privacidade é uma condição para a realização do ser humano como ser livre e autônomo em toda a sua plenitude".

A captura e organização das informações pessoais não é, por definição, positiva ou negativa, mas sim ferramenta ou *input* para processos de análise e planejamento. Uma base de dados consistente, *Big Data*, proporciona a possibilidade de elaboração de políticas públicas e comunitárias com maior aderência às reais necessidades da sociedade. Um exemplo: ter ciência do fluxo das pessoas na cidade é fundamental para estruturar os trajetos e frequência do transporte público. Assim como é útil ter as sugestões de leitura dos sites de livrarias, cuja base de informações é o histórico de consumo de cada cliente e indica um perfil de interesse, quando associada aos demais perfis dos outros compradores de mesmo comportamento de consumo. Essa base possibilita que o site ofereça com segurança opções interessantes e coerentes de produto aos clientes.

Nessa nova visão, Clavell (2016) alerta que é ingênuo crer que é possível incorporar a atual estrutura de *Big Data* a serviço das transformações sociais, ao mesmo tempo que não é adequado conceber essas mudanças sem incorporar essas tecnologias. A autora indica que a apropriação social dessa tecnologia cria a *Big Data* Responsável e orienta que, para ser socialmente respeitadora, essa deve garantir o anonimato da origem e a governança dessas informações deve ser transparente e ter participação ativa pelos cidadãos (CLAVELL, 2016).

Sem o anonimato e transparência na gestão das informações pessoais, a sociedade fica refém da fúria das propagandas que tentam impor produtos desnecessários e, acima de tudo, é colocado em risco o exercício de direitos do cidadão. Nesse sentido, o alerta de Jeff Jarvis sobre a divulgação de informações sobre saúde é socialmente importante, porque a exposição da enfermidade de uma pessoa pode encarecer ou cercear a contratação do seguro médico, reduzir sua empregabilidade e ampliar o risco de discriminação pela sociedade (ELOLA, 2015). Isso justifica o questionamento de Carr sobre o uso do relógio da Apple e a pulseira Fitbit, que acompanham sinais vitais de seus usuários e proporcionam o acesso dessas informações ao governo e companhias de seguro (ELOLA, 2015).

O posicionamento de Nicholas Carr, pensador sobre novas tecnologias, sintetiza a preocupação do presente texto: precisamos de mais informações sobre como somos rastreados e como nossos dados são armazenados. Esse é o melhor modo de cercear a manipulação: poder ver como nossos dados são usados e ter controle sobre os mesmos (ELOLA, 2015).

Nessa realidade, as indicações de proteção indicadas por José Roberto de Melo Franco Júnior no capítulo *Privacidade*

Digital desta obra, de envolvimento cidadão no debate sobre as responsabilidades, respeito e transparência das instituições no tratamento das informações pessoais, são fundamentais.

Referência comentada

ALPEROVITZ, Gar; DALY, Lew. Apropriação Indébita: Como os Ricos Estão Tomando a Nossa Herança Comum. Trad. BOTTINI, Renata L. São Paulo: Editora **Senac, 2010.**

Livro de Gar Alperovitz e Lew Daly sobre a apropriação do conhecimento acumulado pela sociedade, seu peso nos preços cobrados pelas corporações pelos seus produtos finais, e a necessidade ética dessas em retribuir socialmente por esse valor apropriado.

ARTIGO 19. Justiça Nega Acesso à Diretriz que Regulamenta Filmagens em Protestos por PM-SP. 13 de abril de 2017. **Disponível em**: http://artigo19.org/blog/2017/04/13/justica-nega-acesso-a-diretriz-que-regulamenta-filmagens-em-protestos-por-pm-sp/. Acesso em: 01 de maio de 2017.

Texto publicado no site da ONG Artigo 19 sobre a tentativa frustrada de obter informações sobre "Diretriz Olhos de Águia" da Polícia Militar paulista.

CARDOSO, Marina. ***Privacidade na Internet:*** Chega de Andarmos Todos Nus. 25/02/2015. Disponível: https://www.cartacapital.com.br/blogs/intervozes/privacidade-na-internet-chega-de-andarmos-todos-nus-5930.html. Acesso: 01 de maio de 2017.

Texto da Marina Cardoso, jornalista e integrante do Intervozes. alerta como as informações da população estão estruturadas em bancos de dados, "big data" sem o controle social sobre sua utilização.

CLAVELL, Gemma G. *O que Acontece com Nossos Dados na Internet*? As Informações Pessoais se Tornaram mais um Produto Comprado e Vendido. 12/06/2015. Disponível em: http://brasil.elpais.com/brasil/2015/06/12/tecnologia/1434103095_932305.html. Acesso em: 01 de maio de 2017.

Gemma Clavell, doutora em políticas públicas, apresenta uma reflexão sobre a transformação dos dados pessoais da sociedade em mercadoria. Um alerta importante de seu texto é sobre a falsa gratuidade dos acessos livres e como as informações obtidas em troca desse acesso são usados pelas corporações.

____________. ***¿Big Data para el Cambio?***. 03/06/2016. Disponível em: http://ccaa.elpais.com/ccaa/2016/06/02/catalunya/1464891066_514492.html. Acesso em: 01 de maio de 2017.

Esse artigo de Clavell destaca que a estrutura *Big Data*, por manusear grandes quantidades de informações, pode ser uma importante ferramenta nas transformações sociais.

DIP, Andrea; AFIUNE, Giulia. ***Como um Sonho Ruim***. 19/12/2013 Disponivel em: http://apublica.org/2013/12/6191/. Acesso em: 15 de maio de 2017.

Reportagem da Agência Pública sobre as consequências da exposição de imagens íntimas de adolescentes na internet.

DOWBOR, Ladislau. ***Democracia Econômica***: Alternativas de Gestão Social. 2ª Edição actualizada. Petrópolis / RJ: Editora Vozes, 2013.

Obra do professor Ladislau Dowbor que apresenta, em vinte tópicos, um olhar crítico sobre a sociedade global e as propostas para a construção de uma sociedade democrática.

ELOLA, Joseba. ***¿A Alguien le Importa la Privacidad? Dos gurús de distinta escuela, el tecnoentusiasta Jeff Jarvis y el tecnoescéptico Nicholas Carr, debaten sobre los límites de la intimidad en la Red.*** 13/06/2015. Disponível em: http://tecnologia.elpais.com/tecnologia/2015/06/12/actualidad/1434120378_045587.html. Acesso em: 01 de maio de 2017.

O repórter Joseba Elola, do *El País*, entrevista Jeff Jarvis, defensor da internet aberta, e Nicholas Carr, ensaísta sobre novas tecnologias. O tema do diálogo foram os riscos para a privacidade nas novas tecnologias e conectividades.

GONÇALVES, Eliane; PICHONELLI, Matheus. *Estigmatizados, Manifestantes Monitorados por Militar Infiltrado vão a Julgamento em São Paulo*. 21 de Setembro de 2017. Disponível em: https://theintercept.com/2017/09/21/estigmatizados-manifestantes-monitorados-por-militar-infiltrado-vao-a-julgamento-em-sao-paulo/. Acesso em: 21 de setembro de 2017.

Reportagem descreve o processo de 22 jovens presos ao se encaminharem a uma das manifestações contra o presidente Temer em setembro de 2016, suas contradições e consequências sociais.

GRAVEL, Pauline. ***La Cyberintimidation, Nouveau Fléau chez les Jeunes Québécois.*** 9/05/2017. Disponível em : http://www.ledevoir.com/societe/science-et-technologie/498297/cyberintimidation-acfas. Acesso em: 10 de maio de 2017.

Reportagem de Pauline Gravel publicada no site *Le Devoir*, apresenta o resultado da pesquisa apresentada na Universidade McGill sobre *cyberbullying* nos jovens canadenses (Quebec).

KONDER, Leandro. ***Marxismo e Alienação***: Contribuição para um estudo do conceito marxista de alienação. 2ª Edição.

São Paulo: Expressão Popular, 2009.

O livro do filósofo Leandro Konder apresenta o conceito "alienação". Esse conceito apresenta diversas definições no percorrer da história. O autor não apresenta essa evolução mas sim a presença do conceito no debate político no final do século XX e início do século XXI.

LEMOS, Ronaldo. *São Paulo pode Violar Privacidade em Programa 'Wi-Fi Livre'*. 24/07/2017: Disponível em: http://www1.folha.uol.com.br/colunas/ronaldolemos/2017/07/1903596-sao-paulo-viola-a-privacidade-em-projeto-wi-fi-livre.shtml. Acesso em: 10 de maio de 2017.

Artigo publicado por Ronaldo Lemos, advogado, diretor do Instituto de Tecnologia e Sociedade do Rio de Janeiro (ITSrio.org), no jornal *Folha de São Paulo* sobre a análise do pesquisador Bruno Bioni do projeto de privatização dos serviços de WI-FI.

LISSARDY, Gerado. *'Despreparada para a Era Digital, a Democracia está Sendo Destruída', afirma guru do 'Big Data.* 9/04/2017. Disponível em: http://www.bbc.com/portuguese/geral-39535650. Acesso em: 10 de maio de 2017.

Entrevista de Martin Hilbert, professor da Universidade da Califórnia e assessor de tecnologia da Biblioteca do Congresso dos Estados Unidos; seu foco de pesquisa é a disponibilidade de informação no mundo contemporâneo.

NABUCO, Aray; RODRIGUES, Fania. ***Tico Santa Cruz. Uma voz nas Redes Sociais.*** *Caros Amigos*, Ano XX, nº 242, maio/2017, p. 39 – 42.

Entrevista do músico Tico Santa Cruz aos jornalistas sobre o impacto de sua atuação política, ideologicamente anarquista, na rede social após seu posicionamento contra a cassação do mandato da presidenta Dilma.

PMSP – Secretaria Municipal de Desestatização e Parcerias. *Expansão WI-FI SP*. Disponível em: http://www.prefeitura.sp.gov.br/cidade/secretarias/desestatizacao/projetos/expansao_wifi_sp/index.php?p=237712. Acesso em: 25 de julho de 2017.

Edital e demais documentos emitidos pela Prefeitura da Cidade de São Paulo a respeito do projeto de privatização dos serviços de WI-FI disponíveis e expansão de seu atendimento.

PRIMI, Lilian; FIDELES, Nina. *Paulo Castro*: "A Geografia do Big Data". *Caros Amigos*, Ano XX, nº 242, maio/2017, p. 18 – 23.

Entrevista do jornalista e professor da UFRJ, Paulo Castro, à revista *Caros Amigos* sobre oportunidades e crises na relação sociedade e redes sociais.

Rede TVT. ***Programa "Wi-fi Livre Sampa" de Doria Fere Direito à Privacidade.*** **22/07/2007. Disponível em:** http://www.tvt.org.br/programa-wi-fi-livre-sampa-de-doria-fere-direito-a-privacidade/. Acesso em: 25 de julho de 2017.

Reportagem apresentada no canal Rede TVT e disponível na internet sobre os riscos envolvidos na privatização proposta no "programa WI-FI livre Sampa" prevista no Plano Municipal de Desestatização (PMD).

SALLES, Iuri. ***Policiais estão Vasculhando Celulares Durante as Abordagens na Periferia.*** Disponível em: http://vaidape.com.br/2017/03/policiais-estao-vasculhando-celulares-durante-as-abordagens-na-periferia/. Acesso em: 10 de maio de 2017.

Reportagem sobre o acesso compulsório dos celulares dos jovens da periferia de São Paulo por policiais.

TORRES, Sthefane. 6 *Casos de falhas de Segurança em Grandes Empresas*. 01/2016. Disponível em: https://www.trustsign.com.br/blog/6-casos-reais-de-falhas-de-seguranca-em-grandes-empresas/index.html. Acesso em: 01 de maio de 2017.

Artigo de Torres, gestora de O&M na TrustSign e pesquisadora do Grupo de Estudo de Defesa e Segurança Internacional (GEDES-UNESP), apresenta 6 casos reais de falhas de segurança que acarretaram prejuízos financeiros, econômicos ou à imagem das empresas.

Privacidade digital

José Roberto de Melo Franco Júnior[17]

17 Mestre em Administração pela Pontifícia Universidade Católica de São Paulo (PUC-SP) e Cientista da Computação pela UNICAMP. Trabalha em TI e desenvolvimento de software há cerca de trinta anos, atuando tanto na iniciativa privada como no âmbito de empresas estatais.

In future, ladies will take their computers for a walk in the park and tell each other: "My little computer said such a funny thing this morning!"

Alan Turing, 1950

1. Os perpetrantes das ameaças à privacidade digital.

Os perpetrantes das ameaças à privacidade digital podem ser agrupados em três classes: Criminosos e delinquentes; Empresas privadas e, por fim, governos e organizações governamentais.

Há um consenso de que devemos nos proteger do primeiro grupo, os criminosos e delinquentes e, portanto, não há necessidade de se discutir a ideia de que os nossos dados pessoais em suas mãos irão nos causar problemas.

Quanto ao segundo, empresas privadas, a situação é mais nebulosa. Em geral as empresas prometem algum tipo de compensação ou benefício em troca dessas informações e também apresentam a promessa de que não farão mau uso delas. A maioria das pessoas se sente bem ao aceitar essa barganha, como ocorre com os usuários do Gmail, onde o padrão é liberar a leitura dos seus e-mails para o Google, inclusive os anexos (Google, 2016).

Entende-se como três os principais problemas nessa relação:

Proporcionalidade: O que é oferecido é equivalente ao que é tomado? Muitas vezes não é explicitado totalmente o uso pretendido aos seus dados, o que pode incluir até mesmo sua venda para terceiros. Mesmo contratos registrados em cartório e assinados com testemunhas são passíveis de anulação caso se evidencie que são iníquos, "leoninos". Hoje há pouca proteção aos usuários nessas situações on-line.

Responsabilidade: A maioria das empresas são sociedades com uma categoria de sócios, os de responsabilidade limitada, que respondem apenas pela integralização do capital e, realizado este, não possuem maior responsabilidade, quer para a sociedade, quer para com terceiros. Isso significa que a compensação aos usuários, no caso de falha de segurança ou fraude, será muito pequena, especialmente porque é prática corrente criar uma empresa muito pequena, de capital minúsculo, dedicada à parte sensível da operação, já prevendo a possibilidade de problemas legais ou judiciais que gerem necessidade de pagar multas ou indenizações.

Confiabilidade: Até onde a empresa é confiável? Sempre há vulnerabilidades técnicas a partir das quais criminosos e delinquentes podem obter acesso às informações. Conforme descrito no item anterior (**responsabilidade**), a possibilidade de responsabilizar uma empresa é muito limitada nesses casos, sem excluir a pura e simples possibilidade de má-fé. Também não é nada difícil para criminosos e delinquentes abrirem uma empresa legítima com o objetivo de facilitar a "perda" das informações.

Todas essas questões limitam a legitimidade do acesso irrestrito aos dados privados pelas empresas. O último grupo, governos e empresas governamentais, é aquele para o qual a maioria das pessoas se sente tranquila em liberar seus dados. Mas há diversos problemas nessa visão:

Os governos e empresas governamentais empregam empresas privadas terceirizadas em suas operações. Assim, os problemas de responsabilidade e confiabilidade apontados no item anterior para as empresas privadas também valem para governos e empresas governamentais.

A confiabilidade dos empregados e dos próprios governos não deveria ser irrestrita. Sempre há variações no nível de legalidade e de legitimidade no uso de dados pois houve, há e haverá países onde a garantia dos direitos humanos é no mínimo limitada, e o uso das informações por esses governos pode ser um problema para esses usuários.

Muitos governos, como é o caso dos EUA, possuem agências fora do controle público e democrático. Essas agências têm acesso a todos os sistemas governamentais e de empresas governamentais.

Nesse contexto descrito, o mais sensato seria tratar todos os perpetrantes como equivalentes e assumir o pior caso como o provável nos cuidados a tomarmos com os nossos dados. Hoje existem níveis de privacidade parcial. Privacidade absoluta, como a prevista na Constituição americana, segundo diversos autores (RAMBAM 2010, ALDRICH 2014, HUBAUX 2016, entre outros), não é mais possível. Outros autores como ETZIONI (2015) acreditam que a privacidade foi perdida gradualmente na era cibernética, com pouco ou nenhum ganho compensatório para o bem comum. A percepção geral é que apenas os grandes players (não apenas os governos) ganham, em detrimento das pessoas comuns. Há um temor corrente (RAMBAM 2010 e ALDRICH 2014) de que uma vez que esses players e governos têm esse poder e a privacidade já foi perdida, na prática seja impossível impor regulamentações e restrições pela questão política.

Assim ficam dois problemas: o que ainda é possível no âmbito político (legislativo), será abordado no capítulo Proteção de Dados Pessoais, mas o que podemos fazer para nos defender hoje? A proteção nunca será absoluta, mas provavelmente ninguém necessita ser completamente invisível e inalcançável. Desse modo a pergunta pode ser vista como: Que nível de privacidade cada um necessita ou qual o nível possível ter?

Há abordagens generalistas que produzem resultados gerais, e há ações pontuais. Elencamos um conjunto arbitrário de soluções oferecidas por simplicidade no tópico três.

2. Como se é identificado e rastreado na rede?

Há bastante jargão técnico que infelizmente não pode ser dispensado ao se descrever esses processos. Recomendamos fortemente que o glossário seja consultado para melhor compreensão das descrições a seguir:

2.1. Métodos de identificação e rastreio:

2.1.1 – O primeiro método de identificação e rastreio na internet são os cookies ou softwares que explicitamente identificam o usuário, como no caso do Facebook. Ao entrar na plataforma com seu nome e senha você se identifica e um cookie de identificação é guardado no seu computador. Ao navegar por outros sites e páginas, o mesmo cookie pode ser acessado para identificação erastreio.

2.1.2 – O segundo é o histórico de conexão do seu provedor. Se não for possível encontrar cookies, este método mais trabalhoso é necessário. O seu provedor associa algumas portas a você pelo tempo da sua conexão. Assim, com o par IP: porta (154.120.0.23:1234 por exemplo) pode se seguir tudo que é feito exteriormente, na Internet. Caso se use um navegador TOR, o volume e cadência da conexão podem ser usados para identificação. Por isso, um aperfeiçoamento necessário ao TOR é tornar a cadência e tamanho dos pacotes entre as conexões dos diversos usuários do TOR mais parecidos, idealmente idênticos. Para identificar entre os usuários do provedor quem era a pessoa daquela porta naquele momento é necessário o histórico de conexão do provedor. Três pontos de destaque: primeiro, idealmente o provedor não deveria criar esse histórico; segundo, se o fizer, o provedor deveria informar os usuários a respeito e dizer por quanto tempo manterá esse dado; terceiro, o provedor jamais deveria vender ou distribuir isso. Porém, esse dado valioso é em geral bastante disponível.

2.1.3 – A terceira forma é o uso de um software malicioso que faça o mesmo que os cookies, mas sem o seu controle ou consentimento.

As demais formas são tão específicas e caras que são impraticáveis em larga escala, sendo reservadas para alvos valiosos.

3. Como se proteger?

3.1. Guia básico:

O melhor guia online que encontramos para a segurança e privacidade foi o da EFF (Electronic Frontier Fundation) no endereço https://ssd.eff.org/pt-br . Nele são apresentados os seguintes "*como fazer*": contornar a censura on-line, encriptar seu iPhone, evitar ataques de Phishing, excluir de modo seguro os seus dados no Linux, excluir de modo seguro os seus dados no Windows, excluir seus dados de modo seguro no Mac OS X, Usar OTR em Linux, Habilitar Autenticação de Dois Fatores, instalar e utilizar o ChatSecure, usar o Tor no Mac OS X, Usar WhatsApp no Android, Usar WhatsApp no iOS, utilizar o KeePassX, utilizar o OTR para Mac, utilizar o PGP para Windows, utilizar o TOR para Windows, utilizar OTR para Windows, utilizar PGP para Linux, utilizar PGP para Mac OS X, utilizar Signal - aplicativo de mensagem privada, utilizar Signal para Android.

3.2 Guias específicos

A EFF também possui guias para alguns perfis:

Ativista ou manifestante: https://ssd.eff.org/pt-br/playlist/ativista-ou-manifestante

Jornalista em atividade: https://ssd.eff.org/pt-br/playlist/jornalista-em-viagem

Estudante de Jornalismo: https://ssd.eff.org/pt-br/playlist/estudante-de-jornalismo

Defensor de direitos humanos: https://ssd.eff.org/pt-br/playlist/defensor-dos-direitos-humanos

P**esquisador acadêmico:** https://ssd.eff.org/pt-br/playlist/pesquisadora-acadêmicoa

Juventude LGBT: https://ssd.eff.org/pt-br/playlist/juventude-lgbt

3.3. Guia complementar

Complementarmente, oferecemos o nosso guia para pessoas comuns que usam Windows e Linux. O *"modo paranoico"* é a adoção de medidas elevadas, normalmente não usadas por serem trabalhosas demais para o dia a dia:

Procure usar apenas software aberto, idealmente baixado do sourceforge (https://sourceforge.net/) ou GITHUB (https://github.com/).Não sendo possível, utilize fornecedores confiáveis com termos de serviço decentes. *Modo paranoico*: se você tem mais conhecimento, baixe o código fonte do sourceforge, inspecione e compile você mesmo.

Tenha cuidado com impressoras de rede, seu software em geral é frágil e existe uma possibilidade real que o mesmo seja comprometido caso a sua rede Wifi esteja disponível. Só mantenha a impressora ligada pelo tempo mínimo exigido para o seu uso, isso tornará menos provável o comprometimento da mesma. ***Modo paranoico:*** só use impressoras por cabo, mantendo seu Wifi inativo. Bloqueie o acesso da impressora para o mundo externo no Firewall do roteador.

Configure o seu Firewall para bloquear todas as portas que não usa e os domínios problemáticos. *Modo paranoico*: Configure o seu FIREWALL para bloquear tudo o que não usa, mantenha abertos apenas os sites e portas que tenha certeza de necessitar. Para "passeios" na internet use um TAILS (https://tails.boum.org/about/index.pt.html).

Configure o seu roteador com senhas fortes e usuários de nomes longos e não óbvios. ***Modo paranoico:*** crie uma rotina de verificar no log (conexões e tentativas) do roteador para identificar situações de ameaça, como conexões em dias e horários que não usou, tentativas fracassadas ou suspeitas.

Use um software de criptografia e esteganografia como o Safehouse. Apesar da criptografia fraca (apenas 256 bits, onde somente em 1024 bits começa a ser realmente seguro), é gratuito e oferece um nível básico de proteção, crucial para pendrives por exemplo. A tecnologia de construção das memórias flash usadas nos pendrives e discos SSD não permite que os dados sejam de fato apagados (http://computerworld.com.br/tecnologia/2011/02/28/como-se-livrar-de-dados-em-discos-rigidos-ssd). Isso abre uma cratera de segurança pessoal que pode ser compensada pelo uso de ferramentas simples como esta. ***Modo paranoico:*** Essas ferramentas de criptografia e esteganografia dependem de senhas fortes para funcionar bem. Como exemplo, em 2016, uma senha de seis toques podia ser quebrada em minutos por ferramentas forenses. Uma de doze toques podia consumir dias, outra de dezoito toques desanimaria até os mais convictos. Considere criar a senha de ameaça, uma senha que abre com o mesmo usuário um arquivo falso com dados sigilosos mas não problemáticos. Use criptografia de 2048 bits.

3.4. Guia extra:

Outro guia da EFF muito interessante é o *"Itens a Considerar ao Entrar nos EUA"*: https://ssd.eff.org/pt-br/module/itens-considerar-ao-cruzar-fronteira-dos-eua

As recomendações são para pessoas que não têm nada a esconder de ninguém. No modo "paranóico" ele se se apresenta com as recomendações abaixo:

Tenha um backup dos dados dos seus dispositivos. Pela legislação, os guardas de fronteira podem confiscar qualquer objeto e nunca devolver. E isso ocorre.

Considere comprar um celular "zerado" para usar só nos EUA.O mesmo vale para o laptop, pela mesma razão do item anterior. É a forma mais fácil de não perder nada valioso.

Junto aos guardas seja cortês, nunca minta e jamais tente interferir nas buscas físicas. Do contrário você provavelmente será detido por tempo indeterminado e sem notificação a ninguém (mesmo cooperando nada garante que você não seja detido por qualquer prazo sem que ninguém seja informado. Esteja preparado para isso e informe *antes do desembarque nos EUA* as pessoas de seu convívio). Idealmente viaje em grupo.

4. Bases de dados

Este tópico é dirigido a pessoas que têm alguma responsabilidade sobre bancos de dados, sejam técnicos ou gerentes. Infelizmente não dá para evitar os termos próprios da área. Uma grande parte dos dados pessoais está em bases de dados formais, chamadas de "bancos de dados". Esses bancos podem ter níveis de segurança bem baixos e ser muito vulneráveis a acessos não autorizados tanto de leitura quanto de modificação ou remoção de conteúdo. O DBA (Data Base Administrator, ou super user) tem as permissões necessárias para praticamente tudo, e sua senha deveria ser maior e mais segura que qualquer outra. Os cuidados com concessão e revogação de privilégios e definição do nível de segurança são facilmente esquecidos ou, na melhor hipótese, negligenciados. Os acessos às tabelas deveriam ser bloqueados, sendo expostas apenas views de "Stored procedures" que validem os campos para evitar o famigerado "SQL injection" e outras técnicas de burla das regras dos sistemas. Para quem é da área: JAVA Hibernate e seu herdeiro JPA, introduzem um nível adicional de insegurança (principalmente pelo "man-in-the-middle" na rede interna do servidor, colocando-se entre as "camadas" da aplicação) e deveriam ser evitados apesar da choradeira dos aficionados. Segundo o professor José Fernando Rodrigues Júnior, da Universidade Federal de Santa Catarina, entre os diversos procedimentos que não podem ser esquecidos por afetarem diretamente sua segurança estão a atualização da versão do banco de dados, checagem regular de viroses, uso adequado do proxy, do firewall, do kerberos, dos certificados digitais, do SSL e SHTTP, bem como garantir o posicionamento seguro de equipamentos e adequado controle de acesso físico à máquina do banco de dados.

A política de DAP (Database Audit and Protection) estabelece uma série de medidas adicionais para a proteção da privacidade. Entre elas, a segregação das informações pessoalmente identificáveis e financeiras, a criptografia da própria base de dados e criptografia por coluna com chave de propriedade exclusiva da própria pessoa a que se refere a informação para alguns dados.

5. Comunicação por voz e texto

Devemos escolher ferramentas com criptografia forte ponto a ponto. Há hoje diversas opções, sendo que até mesmo o Whatsapp do Facebook adotou algum grau de criptografia e privacidade. Bem mais fortes são Signal (Android e iOS) e Telegram (Android, iOS e Windows Phone). A telefonia convencional não só é insegura como é desnecessariamente cara; é uma tecnologia que já morreu e "esqueceram-se de enterrar", por dar muito dinheiro às operadoras.

6. Operações comerciais e bancárias

O Brasil é bastante avançado em TI bancária. O SPB (Sistema de Pagamentos Brasileiro - ver link http://www.bcb.gov.br/pt-br/#!/n/spb), que opera entre instituições, é louvável em termos de segurança, desempenho e privacidade. Finanças pessoais, *internet banking* e compras on-line são horríveis no mundo todo. O melhor a fazer é ter um computador confiável e rezar para que o caminho esteja seguro. Há alguma preocupação com o assunto, mas resultados práticos ainda são poucos, como o uso de paliativos cartões de segurança (IB Bradesco, por exemplo) e tokens (IB Itaú, por exemplo) que aumentam a segurança, mas não resolvem o cerne do problema. Os cartões virtuais de um único uso aparentemente resolverão o problema, é necessário aguardar sua difusão para ter certeza.

7. Anonimato e privacidade no celular

Essa é uma missão difícil. O celular, como configurado hoje, é extremamente vulnerável. No uso de redes de celulares (CDMA ou TDMA, por exemplo) ou de dados para celular (Edge, 2G, 3G ou 4G, por exemplo) a localização é dada pelas torres acessadas e não é possível acessar as redes sem identificação. Cada acesso também envolve tarifação, portanto neste caso o anonimato é impossível no Brasil. Algum grau de privacidade em comunicação por voz e texto pode ser obtido como indicado no tópico 5. Para o uso de Wifi, é necessário ter um hardware e software adequado que permita o uso de MAC descartável, um para cada conexão, o que dificulta, mas não impede a identificação, porque o padrão de acesso ainda identifica os usuários. Mesmo o uso de celulares descartáveis não proporciona anonimato e privacidade, pois em geral apenas dois contatos telefônicos diferentes são suficientes para identificar uma pessoa com 80% de certeza.

8. Opiniões emocionadas

Há muitos interesses envolvidos e, portanto, muitas opiniões e desinformação correndo. Por exemplo, o mais grave nas acusações de Edward Snowden foi o fato de que dados sigilosos dos cidadãos americanos estavam "vazando" dos órgãos e entidades de vigilância para governos hostis, empresas privadas e até grupos criminosos. Essa parte é convenientemente "esquecida" nas discussões. Este capítulo começou explicando como e por que esses "vazamentos" ocorrem; acrescentou que, no modelo que temos, eles são inevitáveis. Por isso a vigilância deveria ser evitada, pois é certeza que será prejudicial e ela ser benéfica é apenas uma possibilidade. Mesmo nos dias de hoje, a investigação tradicional é muito mais barata e eficaz que a eletrônica. E é muito provável que isso nunca mude. Mas quem ganha dinheiro com a vigilância eletrônica nunca admitirá isso.

Quem está por cima não quer que nada mude. Há grupos e pessoas que lucram muito com os modelos e tecnologias atuais e não desejam nenhuma mudança. Um bom exemplo é o Sr Carlos Slim, que ganhou dezenas de bilhões com telecomunicações como elas são hoje, ele é uma das pessoas que quer que tudo continue como está. O nosso paradigma de telecomunicações é doente, baseado em monopólios, proibição de inovações que sejam descentralizadoras, orientado para espoliação do consumidor em vez de ser orientado para o atendimento. Qualquer um que pense um pouco sobre como a telefonia celular funciona hoje começará a achar que ela não passa de um monte de vícios, armadilhas e táticas mais ou menos sutis de extorsão. Um exemplo é como eles tratam os recados. Primeiro, sequestram a sua chamada de voz para receber a tarifa de quem fez a chamada. Isso deveria ser suficiente, estão bem remunerados e provavelmente são os culpados de você não receber a ligação – normalmente por terem problemas de cobertura e mau serviço é que a ligação não se completou. Mas não é bem assim que funciona. Eles não vão entregar a mensagem gravada sem mais uma mordida. Mesmo que você não queira o serviço, o costume é ele ser "ofertado" por suposição de seu interesse. Uma vez que a companhia está de posse de sua mensagem ela exige o pagamento de um resgate para entregar a mensagem para você, como a contratação de um "serviço". Mesmo que o cliente não queira, perdeu a mensagem. No momento da contratação da linha nada é esclarecido, ninguém conta que caso você não se submeta a um processo oculto e moroso de remoção da lista de "vítimas potenciais" capturarão a sua ligação.

9. Glossário

Conexão: É um relacionamento de um para um entre os computadores pelo qual se troca dados. Cada lado é identificado com o par IP: Porta. Assim uma identificação típica de conexão é do tipo 154.120.0.23:1234 = 123.45.67.89:80.

Cookies: São o principal artifício de identificação dos usuários. Um cookie é um pequeno pacote de dados enviados de um website para o navegador do usuário quando o usuário visita o site. Cada vez que o usuário visita o site novamente, o navegador envia o cookie de volta para o servidor para identificar e notificar atividades prévias do usuário. Os cookies foram desenvolvidos para serem um mecanismo confiável pelos quais os sites se "lembram" de informações da atividade do usuário, como senhas gravadas, itens adicionados no carrinho de compras em uma loja online, links que foram clicados anteriormente, entre outros.

Criptografia: Criptografia (em grego: kryptós, "escondido", e gráphein, "escrita") é o estudo ou técnicas pelas quais um dado pode ser transformado da sua forma original para outra idealmente ilegível por qualquer um que não seja conhecedor de sua chave.

Esteganografia: Esteganografia (do grego "escrita escondida") é o estudo ou uso das técnicas para ocultar a existência de uma mensagem dentro de outra, uma forma de segurança por obscurantismo. É importante frisar a diferença entre criptografia e esteganografia. Enquanto a primeira oculta o significado da mensagem, a segunda oculta a existência da mensagem.

Firewall: Um firewall é um dispositivo de uma rede de computadores que tem por objetivo aplicar uma política de segurança a um determinado ponto da rede. O firewall pode ser do tipo filtro de endereço, de porta, de pacotes, proxy de aplicações, etc.

IP: IP é uma identificação de um dispositivo (computador, impressora, etc) em uma rede local ou pública que usa o "internet **protocol**". Um endereço de IP público, em linguagem comum, é sinônimo de um endereço IP globalmente roteável unicast (um endereçamento para um pacote feito a um único destino, ou seja, em comparação com o multicast, a entrega no unicast é simples, ponto-a-ponto). Os IP "externos", isto é, públicos, são fixos. Os "internos", de redes locais em geral são dinâmicos, isto é, mudam de tempos em tempos.

Man-in-the-middle: É uma forma de ataque em que os dados trocados entre duas partes são de alguma forma interceptados, registrados e possivelmente alterados pelo atacante que se coloca por alguns subterfugio entre as duas partes.

NAT: Acrônimo de Network Adress Translation. Deveria ser a primeira linha de defesa da privacidade. Na prática é uma forma de se separar duas redes (normalmente uma "interna" de outra "externa") através de um dispositivo de separação como gateway, roteador ou proxy. Funciona assim: o endereço do lado "externo" 154.120.0.23:1234 é associado com o endereço "interno" 192.0.0.2:1010. Quem está do lado de fora nunca sabe a identidade ou IP do lado "interno", apenas o do dispositivo de separação. Se o seu provedor de acesso não guardar um histórico dessa associação, quem fez determinada conexão de dentro para fora não pode ser identificado dentre os diversos usuários da rede "interna" sem o uso de artifícios. Na prática, serviços de "anonimização" (tornar um usuário anônimo) como o TOR fazem um ou mais NAT em camadas nas quais não há histórico algum. Sua eficácia em tornar alguém anônimo cresce com o número de usuários, e com a semelhança dos dados trocados por esses usuários com os seus próprios dados.

OTR: O OTR (Off-the-record) é um protocolo que permite que usuários de programas de mensagens instantâneas ou de ferramentas de chat tenham conversas confidenciais.

Porta: Funciona como uma passagem através da qual podem ser feitas conexões, ou seja, um canal pelo qual os dados são transferidos. Outra visão é como um número de 0 a 65535, que identifica uma pilha ou acesso de software dentro do computador.

Provedor de acesso: É uma pessoa, empresa ou organização que adquire um IP público (também chamado de "externo") e se conecta à internet. Geralmente vendem o compartilhamento desse acesso por uma rede interna na qual, por sua vez, provê aos seus usuários um endereço IP "interno".

Tails: Tails é um sistema operacional livre que tem como objetivo preservar sua privacidade e anonimato. Ele ajuda a utilizar a Internet de forma anônima e evitar a censura na maioria dos lugares e computadores teoricamente "sem deixar rastros", a não ser que você explicitamente peça que ele o faça.

Tor: Ferramenta de licença BSD (Berkeley Software Distribution) para aumento da proteção da identidade na rede. Quem quiser conhecer mais deve ver o site: http://torproject.org.

Wifi: Wifi é uma marca registrada da Wi-Fi Alliance. É utilizada por produtos certificados que pertencem à classe de dispositivos de rede local sem fios (WLAN) baseados no padrão IEEE 802.11. Por causa do relacionamento íntimo com seu padrão de mesmo nome, o termo Wi-Fi é usado frequentemente como sinônimo para a tecnologia IEEE 802.11.

Referências Bibliográficas:

ALDRICH R.; **Privacy is Dead: The Future is Fabulous** <https://www.youtube.com/watch?v=M11nmdKdKV8> acessado em 10 MAIO 2017

ETZIONI, A., RICE, C. J.; **Privacy in a Cyber Age: Policy and Practice** Palgrave Macmillan USA Publishers - New York, 2015

GOOGLE **Termos de Privacidade do GOOGLE**: <https://www.google.com/policies/privacy/> acessado em 10 MAIO 2017

HUBAUX, J. P., JUELS, A.; **Privacy Is Dead, Long Live Privacy** Communications of the ACM, Vol. 59 No. 6, Pages 39-41 - 2016

RAMBAM, S.; **The Next HOPE: Privacy is Dead - Get Over It** <https://www.youtube.com/watch?v=DaYn_PkrfvQ> Acessado em 10 MAIO 2017

Diversas definições foram adaptadas de http://Wikipedia.org e https://ssd.eff.org/

Direito e economia política dos dados: um guia introdutório

Bruno R. Bioni[18] *e Rafael A. F. Zanatta*[19]

18 Doutorando pela Faculdade de Direito da Universidade de São Paulo
19 Doutorando pelo Instituto de Energia e Ambiente da Universidade de São Paulo

É lugar-comum afirmar que "vivemos em uma economia de dados" e que estamos passando por um processo de "transformação digital"[20]. Nas ciências sociais, fala-se de "datificação"[21] - um processo de transformação de todos os aspectos da ação social em dados, fazendo com que essa informação tenha valor pela capacidade de análise preditiva -, ao passo que o Fórum Econômico Mundial, sem as mesmas pretensões acadêmicas, tem utilizado constantemente o termo *digital economy* e enfatizado os potenciais da revolução gerada pela conectividade em massa e serviços que se valem de técnicas avançadas de análise de dados.[22] Com acerto, Evgeny Morozov tem defendido a orientação dos debates nas ciências humanas para o fenômeno do "capitalismo dadocêntrico"[23].

---

20 SILVA, Nelson. Transformação digital: a 4a. revolução industrial. *Boletim de Conjuntura da FGV*, n. 8, p. 15-18, 2018. Para um diagnóstico anterior. cf. IANSITI, Marco; LAKHANI, Karim R. Digital ubiquity: How connections, sensors, and data are revolutionizing business. *Harvard Business Review*, v. 92, n. 11, p. 19, 2014.

21 VAN DIJCK, Johana. Datafication, dataism and dataveillance: Big Data between scientific paradigm and ideology. *Surveillance & Society*, v. 12, n. 2, p. 197-208, 2014.

22 Ver https://www.weforum.org/system-initiatives/shaping-the-future-of-digital-economy-and-society

23 MOROZOV, Evgeny. Big Tech: a ascensão dos dados e a morte da política. São Paulo: Ubu Editora, 2018.

No nível político, planos como o "*Building a European Data Economy*"[24] da União Europeia e a "Estratégia Brasileira para a Transformação Digital"[25] evidenciam interesses, no nível regional e nacional, em buscar "competitividade em negócios digitais, digitalização de serviços públicos, criação de empregos qualificados na nova economia e políticas para uma educação melhor e mais avançada". A centralidade da "datificação" se dá, também, nas políticas industriais e nos novos planos de "inteligência artificial", que o Brasil ainda não possui.[26]

A configuração dessa "economia política dos dados"[27] parte de um longo processo de transformação sócio-técnica, chamado por James Beninger, em livro clássico de 1986, de "revolução do controle"[28], decorrente de uma série de inovações no campo da física, das telecomunicações e da computação, que ampliaram a capacidade de controle da informação.[29] Recentemente, livros como *Data and Goliath* (2015), de Bruce Schneier, e *The Age of Surveillance Capitalism* (2019), de Shoshana Zuboff, colocaram em evidência uma especificidade dessa economia

---

24 https://ec.europa.eu/digital-single-market/en/policies/building-european-data-economy

25 http://www.mctic.gov.br/mctic/export/sites/institucional/estrategiadigital.pdf

26 LEMOS, Ronaldo. "É preciso plano de inteligência artificial", *Folha de São Paulo*, 04/02/2019 (argumentando que inteligência artificial "deve ser vista hoje como parte da infraestrutura de qualquer país, pois é capaz de gerar externalidades positivas para todas as atividades produtivas, tornando-as mais competitivas e eficientes"). O plano pode ser encontrado aqui: http://www.mctic.gov.br/mctic/export/sites/institucional/estrategiadigital.pdf

27 ARRIETA IBARRA, Imanol et al. Should We Treat Data as Labor? Moving Beyond'Free'. *American Economic Association Papers & Proceedings*, v. 1, n. 1, 2017.

28 BENIGER, James. *The control revolution: Technological and economic origins of the information society*. Harvard university press, 2009.

29 O historiador da ciência Bonît Godin demonstrou que o conceito de "information economy", utilizado desde 1945, passou por uma compreensão da informação como conhecimento, depois como informação como "commodity", informação como "atividade industrial" e informação como "tecnologia".

após o advento de Google, Alibaba e Facebook: a enorme capacidade de empresas de tecnologia de monetizar e extrair valor do "material cru" composto por nossas relações sociais cotidianas, graças à ubiquidade dos *smartphones*, computadores e barateamento dos custos de coleta e transmissão de informações relacionadas a nossa atuação diante de tais dispositivos e aplicações. Tornou-se evidente, enfim, que a Internet é (e sempre foi) uma rede de controle[30] e que a digitalização promove uma espécie de "capitalismo de vigilância"[31], com uma lógica econômica específica.

Para os juristas, a reconfiguração dessas economias para um modelo de vigilância gera um conjunto de questões passíveis de aprofundamento.

Primeiro, porque também está havendo a reformatação dos arranjos regulatórios a reboque da nova lógica econômica. Por exemplo, ao mirar na construção de um "Mercado Único Digital", a União Europeia ainda está passando por um processo profundo de modernização do seu quadro regulatório sobre proteção de dados pessoais. Após aprovar o Regulamento Europeu de Proteção de Dados Pessoais[32] – norma que Ri-

---

30 Demi Getschko, um dos engenheiros responsáveis pela disseminação da Internet no Brasil, sempre afirma em suas palestras que o conceito de *cybernetics,* tal como desenvolvido por Norbert Wiener (1894-1964), se relaciona ao "estudo científico do controle e da comunicação dos animais e das máquinas". A etimologia da palavra "cyber" vem do grego κυβερνητική, originária da navegação marítima, designando "governança". Nesse sentido, é ilusório acreditar que "cyber" significa algo como espaço etéreo, livre de normas e incontrolável. Wiener emprestou o conceito do cientista francês André Marie Ampére, que cunhou a expressão "*Cybernétique*" como ciência ou arte do governo, sendo uma sub-ciência da "*Politique*". Ampére, por sua vez, adaptou a expressão de Platão (*kybernetike*). LEVIN, Mariam. *Cultures of Control.* Amsterdam: Harwood Academic Publisher, 2000, p. 252.

31 EVANGELISTA, Rafael. Capitalismo de Vigilância no Sul Global: por uma perspectiva situada, in: *5º Simpósio Internacional LAVITS*, Santiago, Chile, 2017, p. 243-253. Disponível em: http://lavits.org/wp-content/uploads/2018/04/08-Rafael-Evangelista.pdf

32 A General Data Protection Regulation/GDPR, Regulamento 2016/679,

cardo Abramovay chamou de "a mais vigorosa reação pública ao modelo de negócios dos gigantes digitais"[33] – e uma nova diretiva que regula o acesso a dados para fins de investigação criminal,[34] ainda está em discussão a reforma da diretiva sobre comunicações eletrônicas.[35] Enquanto o Brasil, logo após a formulação de um plano nacional de Internet das Coisas que destacava a fragilidade da regulação sobre dados no país,[36] acabou por aprovar uma lei geral de proteção acerca da matéria (Lei 13.709/2018, que entra em vigor em agosto de 2020). Muitos outros exemplos ao redor do mundo poderiam ser apontados como sinais dessa ebulição regulatória puxada pela formatação de uma nova economia.

Neste ensaio, buscamos responder algumas questões, atribuindo sentido a essa discussão regulatória. Quais as principais

---

substituiu a antiga Diretiva 95/46/EC. Diferentemente da diretiva, o regulamento tem aplicação direta em todos os países membros do bloco econômico e, ao mesmo tempo, poucas normas podem ser derrogadas ou procedimentalizadas por leis domésticas. Com isso, o regulamento objetiva unificar e trazer consistência na regulação de proteção de dados em todo o bloco econômico, algo que não foi alcançado pela diretiva por ser um mecanismo sem eficácia direta e que, ao ser internalizado por leis domésticas, acabou por criar um cenário regulatório conflituoso em cada um dos integrantes do bloco europeu. Disponível em: <https://eur-lex.europa.eu/legal-content/EN/TXT/?uri=celex%3A32016R0679>.

33 ABRAMOVAY, Ricardo. "Aos dados, cidadãos!", *Revista Quatro Cinco Um*, São Paulo, abril de 2018, p. 6.

34 Trata-se da diretiva 2016/680 que visa não só à proteção dos dados pessoais do cidadão, mas, igualmente, a cooperação entre autoridades para o combate à crimes. Disponível em: <https://eur-lex.europa.eu/legal-content/EN/ALL/?uri=LEGISSUM:310401_3>

35 Um dos pontos mais controversos da nova regulação é sobre cookies e outras formas monitoramento de navegação, o que é a base da publicidade comportamental online que sustenta o modelo de negócio predominante na União Europeia. Disponível em: <https://ec.europa.eu/digital-single-market/en/proposal-eprivacy-regulation>

36 Veja, nesse sentido, o estudo sobre ambiente regulatório: <https://www.bndes.gov.br/wps/wcm/connect/site/e614e9a3-053b-42d4-853a-6b4a-a406e31f/produto-3-analise-de-oferta-e-demanda-relatorio-horizontal-ambiente-regulatorio.pdf?MOD=AJPERES&CVID=lWrmVIj>

tensões jurídicas geradas por esse tipo de economia? Por que se fala tanto em proteção dos dados pessoais hoje? O que se entende por proteção de dados pessoais no Brasil, em um contexto de "regulação pelo código"[37] e de normatividade gerada pelas próprias tecnologias[38]? O que há de diferente no modelo jurídico criado nos EUA, no sistema europeu e nas reações emergentes em países como o Brasil?

O presente ensaio explora essas questões sem a pretensão de exauri-las completamente, mapeando os contornos jurídicos mais relevantes da economia política dos dados. Esse mapeamento serve tão somente como *guia introdutório* a essas discussões de fronteira. O que oferecemos neste texto não é um "sistema de geolocalização" altamente preciso e detalhado dessas tensões, mas sim um desenho, rudimentar por assim dizer, do que é mais importante para se localizar nesse debate. Trata-se de um mapa rabiscado a quatro mãos.

O texto divide-se em três partes. Na primeira, discutimos a evolução do sistema jurídico de *privacy* nos EUA, com seu enfoque predominantemente consumerista e principiológico. Na segunda parte, discutimos a emergência do discurso da proteção de dados pessoais como um "direito fundamental" nos países europeus e a afirmação de um modelo regulatório que combina expertise tecnocrática (a criação de *Data Protection Authorities*) com leis gerais de proteção de dados pessoais. Na terceira, discutimos tendências jurídicas que ganham força no Brasil, inspiradas por Europa e EUA, e as dificuldades de construção dessas molduras regulatórias em uma sociedade marcada por institui-

---

37 LESSIG, Lawrence. The constitution of code: limitations on choice-based critiques of cyberspace regulation. *CommLaw Conspectus*, v. 5, p. 181, 1997. GRIMMELMANN, James. Regulation by software. *Yale Law Journal*, v. 114, p. 1719, 2004. No Brasil, ver ABRAMOVAY, Ricardo. Eficiência e democracia na era digital, *Valor Econômico*, 04/02/2019.

38 HILDEBRANDT, Mireille; TIELEMANS, Laura. Data protection by design and technology neutral law. *Computer Law & Security Review*, v. 29, n. 5, p. 509-521, 2013.

ções democráticas frágeis e por um lugar ainda periférico no arranjo global de proteção de dados pessoais.

1. O debate estadunidense e a centralidade dos *Fair Information Practices Principles*

A década de 1960 foi marcada por grandes debates sobre o "direito à privacidade" nos Estados Unidos da América, em um contexto de crescentes poderes governamentais, de uma prática constante de *wire-tapping* e de suspeitas de vigilantismo e coleta de informações privadas, derivada do "macartismo" da década de 1950 (a intensificação de elaboração de bancos de dados de "grupos subversivos" e de monitoramento de comunistas nos EUA).[39] Alan Westin foi um dos juristas a capitanear essa discussão em uma série de publicações no final da década de 1950.

Paralelamente, o direito estadunidense foi redefinido no campo do direito privado no começo da década de 1960, em especial pela elaboração doutrinária do "direito à privacidade" como proteção contra quatro tipos distintos de delitos (*torts*) pelo Prof. William Prosser, desencadeando um sistema de responsabilização civil.[40] No esquema arquitetado por Prosser em 1960, a violação da privacidade - até então entendida como "direito de ser deixado a sós" - poderia ser entendida em quatro diferentes tipos de *torts*, distinguidos a partir de ações e interesses distintos: (I) *intrusion upon the plaintiff's seclusion or solitude, or into his private affairs;* (II) *public disclosure of em-*

---

39 WESTIN, Alan F. The Wire-Tapping Problem: An Analysis and a Legislative Proposal. *Columbia Law Review*, v. 52, n. 2, p. 165-208, 1952. KING, Donald B.; BATT, Marwin A. Wire Tapping and Electronic Surveillance: A Neglected Constitutional Consideration. *Dick. L. Rev.*, v. 66, p. 17, 1961.
40 William Prosser apresentou essa sistematização em um artigo muito citado no direito estadunidense, intitulado "Privacy", publicado em 1960 na *California Law Review*.

barassing private facts about the plaintiff; (III) *publicity which places the plaintiff in a false light in the public eye*; (IV) *appropriation, for the defendant's advantage, of the plaintiff's name or likeness*. Essa formulação, apesar de ter se tornado imediatamente influente nas cortes e a doutrina dominante no direito privado, "ossificou"[41] o debate sobre privacidade em uma matriz de direitos individuais e se mostrou pouco responsiva a um debate mais complexo sobre "fluxos adequados de dados" e proteção de dados pessoais.

1.1. A transformação do direito estatutário e a construção de princípios de justiça

Como sustentam Daniel Solove e Paul Schwartz, foi no campo do direito regulatório de nível federal *(federal statutory law)* que o desenvolvimento do direito à privacidade foi mais robusto.[42] Seguindo a tradição estadunidense de imposição de limites à atuação governamental, surgiu na década de 1960 um vigoroso debate sobre a determinação de direitos claros que pudessem superar a teoria de "invasão da propriedade", definindo os limites de atuação do governo na execução de políticas públicas.[43] Esse debate ganhou novas dimensões com trabalhos como *Privacy and Freedom* (1967), de Alan Westin, que se dedicou à compreensão da privacidade como *capacida-*

---

41 RICHARDS, Neil'; SOLOVE, Daniel. Prosser's Privacy Law: a mixed legacy, *California Law Review*, v. 98, 2010, p. 1888-1928 ("the privacy torts have struggled to address the collection, use, and dissemination of personal information in computer databases. (...) Several privacy torts - public disclosure, intrusion, and false light - require that the privacy invasion be "highly offensive to a reasonable person". Much of the information that is gathered, used, and disseminated by businesses is done in bits and pieces. (...) The tort of appropriation has also failed to address the collection, use, and dissemination of personal data").

42 SOLOVE, Daniel; SCHWARTZ, Paul. *Information Privacy Law*. Sixth edition. New York: Wolters Kluwer, 2018, p. 36.

43 LONG, Edward V. The Right to Privacy: The Case Against the Government. . Louis ULJ, v. 10, p. 1, 1965.

de dos cidadãos de controlar os fluxos de dados gerados.[44] Como sustenta Priscilla Regan, em 1965 "um novo problema foi colocado na agenda do Congresso e de subcomitês da Câmara [*House*] e do Senado [*Senate*]. O problema foi definido como a invasão da privacidade pelos computadores e evocava imagens de 1984 [livro de George Orwell], do Homem Computadorizado, e de uma sociedade do dossiê"[45]. Durante trinta dias foram realizadas audiências públicas sobre o tema. Essa discussão na esfera pública motivou a elaboração de um influente relatório pelo *United States Department of Health, Education and Welfare* (HEW) em 1972, durante a gestão Richard Nixon, que atacou o problema da privacidade e da coleta abusiva de dados pessoais por meio da proposição de uma base principiológica (*Code of Fair Information Practices*) estruturada em cinco pilares:

a) Não deve haver sistemas de registro de dados pessoais cuja própria existência seja secreta;
b) Deve haver uma maneira de uma pessoa descobrir quais informações sobre ela estão em registro e como essa informação é usada;
c) Deve haver uma maneira de uma pessoa impedir que informações sobre ela, obtidas para um propósito específico, sejam usadas ou disponibilizadas para outros fins sem o consentimento da pessoa;
d) Deve haver uma maneira de uma pessoa corrigir ou ajustar um registro de informações identificáveis sobre a pessoa;
e) Qualquer organização que crie, mantenha, utilize, ou divulgue registros de dados pessoais identificáveis deve garantir a confiabilidade

---

44 WESTIN, Alan F.; RUEBHAUSEN, Oscar M. *Privacy and Freedom*. New York: Atheneum, 1967.
45 REGAN, Priscilla. *Legislating Privacy: technology, social values and public policy*. The University of North Carolina Press, 1995, p. 82.

dos dados para o uso pretendido e deve tomar precauções para evitar usos indevidos dos dados;

Esses cinco pilares formaram o eixo central dos *Fair Information Practices Principles* (FIPPs), que, na opinião de acadêmicos renomados como Marc Rotenberg (fundador da *Electronic Privacy Information Center*), tornaram=se a principal moldura jurídica para estruturação das leis de proteção de dados pessoais nos EUA.[46] Até hoje, os princípios da FIPP são utilizados pela Federal Trade Commission para avaliar casos de práticas abusivas que precisam ser repreendidas pela autoridade.[47]

1.2. Transformações regulatórias: *Fair Credit Reporting Act* e *Privacy Act*

Paralelamente ao desenvolvimento das FIPPs, três fenômenos concretos ocorreram na década de 1970 e formataram grande parte da matriz jurídica de regulação da proteção de dados pessoais nos EUA.[48] Entendê-los é fundamental para uma compreensão clara da relação entre direito e economia política dos dados nos Estados Unidos.

O primeiro deles é o intenso debate sobre *consumer reports* (fichas de consumidores) gerado pela enorme indústria de avaliação de risco no setor de crédito, capitaneada por gigantes como Equifax. Em 1969, o Partido Democrata propôs uma

46 ROTENBERG, Marc. Fair information practices and the architecture of privacy (What Larry doesn't get). *Stanford Technology Law Review*, v. 44, 2001.

47 "Fair Information Practices became the dominant U.S. approach to information-privacy protection for the next three decades". WESTIN, Alan. Social and Political Dimensions of Privacy, *Journal of Social Issues*, v. 59, 2003, p. 436.

48 Essa análise segue de perto as reflexões de Alan Westin. WESTIN, Alan. Social and Political Dimensions of Privacy, *Journal of Social Issues*, v. 59, 2003, p. 431-453. Disponível em: https://spssi.onlinelibrary.wiley.com/doi/full/10.1111/1540-4560.00072

série de audiências públicas sobre o problema discriminatório desses mecanismos de avaliação de risco e a completa opacidade, por parte do cidadão, da possibilidade de compreensão de como as fórmulas de *credit scoring* funcionam e quais informações são utilizadas para compor essas notas. Impulsionado pelo ativismo de Ralph Nader e outras grandes figuras públicas do movimento consumerista,[49] o Congresso aprovou em 1970 uma lei federal chamada *Fair Credit Reporting Act* (FCRA), com um conjunto de direitos básicos assegurados aos cidadãos estadunidenses (direito de informação sobre a existência de um *credit report*, direito de saber o que um birô de crédito sabe sobre você, direito de obtenção gratuita da pontuação de crédito, direito de contestar informações incompletas e imprecisas, direito de corrigir e deletar informações não verificadas e incompletas, direito de se opor à utilização de informações com mais de 7 anos, direito de consentir que essas informações sejam transmitidas a empregadores)[50]. Na época, a legislação foi celebrada por Sheldon Feldman, diretor assistente de legislação da Federal Trade Commission, como um importante avanço diante dos inúmeros casos de práticas abusivas denunciados em audiências públicas.[51] O FCRA também mudou as regras de responsabilização civil, gerando incentivos econômicos aos birôs de crédito.[52]

---

49 WALLER, Spencer. Consumer protection in the United States: an overview. *European Journal of Consumer Law*, 2011 (destacando o papel de Ralph Nader na publicação de *Unsafe At Any Speed*, na criação de grupos de voluntários de investigação da regulação nos EUA e na fundação da ONG Public Citizen em 1971).

50 Para um sumário preparado pela Federal Trade Commission, resumindo a FCRA, ver: https://www.consumer.ftc.gov/articles/pdf-0096-fair-credit-reporting-act.pdf

51 FELDMAN, Sheldon. The Fair Credit Reporting Act-From the Regulators Vantage Point. *Santa Clara Lawyer*, v. 14, p. 459, 1973.

52 ULLMAN, Charles M. Liability of Credit Bureaus after the Fair Credit Reporting Act: the need for further reform. *Vill. L. Rev.*, v. 17, p. 44, 1972.

O segundo fato relevante foi a aprovação do *Privacy Act* de 1974,[53] na esteira do "escândalo de Watergate", que custou a renúncia de Richard Nixon e expôs ao grande público um aparato de escutas ilegais e coleta de dados – colocado em prática para grampear a Convenção Nacional dos Democratas – contestado internamente pelo próprio *Federal Bureau of Investigation* (FBI).[54] Como sustenta Alan Westin, "em termos políticos, o final dos anos 1960 e 1970 viu a maioria da mudança da opinião pública americana da confiança geral nas instituições para a desconfiança dramática. Os excessos do FBI e da CIA, o episódio de Watergate e outras intrusões do governo Nixon forneceram exemplos concretos de abuso de poder por parte do Estado, o que tornou politicamente possível a promulgação da Lei de Privacidade federal de 1974"[55].

1.3. O fortalecimento dos FIPPs na Federal Trade Commission

Por fim, o terceiro elemento concreto foi a designação, por meio do *Privacy Act* de 1974, do *U.S. Privacy Protection Study Commission*, que se debruçou à questão da aplicação do *Fair Information Practice Principles* ao setor privado.[56] Esse grupo de trabalho, liderado por David Linowes (1917-2007), trabalhou por três anos e publicou, em 1977, o relatório *Personal*

53 "The Privacy Act of 1974, 5 U.S.C. § 552a (2012), which has been in effect since September 27, 1975, can generally be characterized as an omnibus 'code of fair information practices' that attempts to regulate the collection, maintenance, use, and dissemination of personal information by federal executive branch agencies". Ver https://www.justice.gov/opcl/introduction

54 Sobre o escândalo Watergate e suas repercussões para o direito à privacidade, ver SOBEL, Lester A. (Ed.). *War on Privacy*. New York: Facts on File, 1976.

55 WESTIN, Alan. Social and Political Dimensions of Privacy, *Journal of Social Issues*, v. 59, 2003, p. 437.

56 Ver https://www.justice.gov/opcl/role-privacy-protection-study-commission

Privacy in an Information Society. No relatório, a comissão conclui por uma abordagem de "reforma sistêmica", com a devida aplicação dos FIPPs por meio da Federal Trade Commission e a expansão de leis federais para setores regulados específicos (saúde, educação, telecomunicações). Busca um balanço capaz de fomentar o empreendedorismo e as proteções dos direitos dos cidadãos com relação aos seus dados:

> "As conclusões da Comissão revelam claramente um enorme desequilíbrio na relação de manutenção de registros entre um indivíduo e uma organização, e suas recomendações de política visam fortalecer a capacidade do indivíduo de participar desse relacionamento. Isso pode ser feito de três maneiras: proibindo ou restringindo práticas de coleta de informações injustificadamente intrusivas; concedendo os direitos básicos individuais, como o direito de ver, copiar e corrigir registros sobre si mesmo, juntamente com obrigações ou organizações para incorporar proteções à privacidade pessoal em suas operações rotineiras de manutenção de registros; e dando o controle individual sobre a divulgação de registros sobre ele. Ao explorar maneiras de implementar suas recomendações de política, a Comissão foi guiada por três princípios: (1) que os incentivos para a reforma sistêmica devem ser criados; (2) que os mecanismos existentes de regulação e execução devem ser usados na medida do possível; e (3) que custos desnecessários devem ser evitados"[57].

Como sustenta Alan Westin, esse influente relatório de 1977 incentivou "iniciativas pelo setor privado" e uma abordagem caso-a-caso de repressão, conduzida pela Federal Trade Commission, ao invés de uma Lei Ge-

57 *Personal Privacy in an Information Society*: The Report of the Privacy Protection Study Commission transmitted to President Jimmy Carter on July 12, 1977. Disponível em: https://epic.org/privacy/ppsc1977report/c1.htm

> ral de Proteção de Dados Pessoais aos moldes de países como França e Suécia. O relatório de pesquisa *Dimensions of Privacy*, publicado em 1978, demonstrou que, para a maioria dos cidadãos nos EUA, era mais desejável a existência de leis setoriais específicas, protegendo dados mais sensíveis como aqueles coletados em hospitais, clínicas de saúde e farmácias.
>
> Como sustentam acadêmicos como Daniel Solove, Woodrow Hartzog e Chris Hoofnagle, as escolhas políticas de década de 1970 levaram os EUA a uma direção oposta à da União Europeia. Ao invés de um modelo de "leis gerais" e Autoridades Nacionais de Proteção de Dados Pessoais, os FIPPs foram internalizados na cultura decisória da Federal Trade Commission, que acabou por criar, ao longo de décadas de atuação, uma espécie de "common law" da privacidade.58 Esse desenvolvimento jurídico, que apresenta uma história notável e construída casuisticamente,59 garantiu a FTC um "escopo de autoridade que é essencial ao regime de proteção de dados dos EUA e que deveria ser amplamente abraçado para responder às violações de privacidade que não são atendidas pelo direito contratual e pelo regime de responsabilidade civil"[60].

Esse desenvolvimento histórico da "regulação da privacidade" levou os EUA a um sistema baseado em três pilares. Primeiro, a proliferação de normas setoriais de privacidade, como no campo da educação, da saúde, do crédito, das telecomunicações, etc. Acrescente-se a esse cenário um modelo federativo

---

58 SOLOVE, Daniel J.; HARTZOG, Woodrow. The FTC and the new common law of privacy. *Columbia Law Review*, v. 114, p. 583, 2014.
59 Para uma análise completa da história da FTC e o desenvolvimento casuístico em proteção de dados pessoais, ver HOOFNAGLE, Chris Jay. *Federal Trade Commission Privacy Law and Policy*. Cambridge University Press, 2016.
60 HARTZOG, Woodrow; SOLOVE, Daniel J. The Scope and Potential of FTC Data Protection. *George Washington Law Review*, v. 83, p. 2230, 2014.

no qual os estados (Califórnia, Texas, Oregon, etc) podem também legislar sobre assuntos de privacidade, fazendo com que os EUA tenham atualmente mais de 2 mil leis sobre o assunto. Segundo, um sistema de proteção dos consumidores baseado na atuação da Federal Trade Commission e nos conceitos de *deceptive act* e *unfairness*[61], ou seja, um sistema de análise caso-a-caso no qual a FTC avalia se há lesões aos consumidores ou práticas abusivas, como no caso em que a fabricante de "televisores inteligentes" Vizio foi condenada ao pagamento de mais de 2 milhões de dólares de multa pela coleta de informações de visualizações de canais de mais de 11 milhões de consumidores sem consentimento.[62] Terceiro, uma abordagem consumerista fortalecida na década de 1990 na qual o elemento central é o *notice-and-consent*, ou seja, a obrigação de empresas explicitarem quais são as práticas de coletas de dados colocadas em prática e a verificação do consentimento dos consumidores pelas vias contratuais.[63] Apesar das inúmeras críticas - muitas delas internas, produzidas pela própria Federal Trade Commission, sobre a necessidade de um novo Consumer Privacy Protection Principles[64] -, o sistema consumerista e de regulação via FTC ainda se mantém como dominante nos EUA.

61 HOOFNAGLE, Chris Jay. *Federal Trade Commission Privacy Law and Policy*. Cambridge University Press, 2016.

62 https://www.ftc.gov/news-events/press-releases/2017/02/vizio-pay-22-million-ftc-state-new-jersey-settle-charges-it

63 A cristalização desse modo de pensamento, fundado na crença na capacidade de escolha dos consumidores e nas práticas de autorregulação, está no relatório *Privacy Online: a report to the Congress*, publicado em 1998: https://www.ftc.gov/sites/default/files/documents/reports/privacy-online-report-congress/priv-23a.pdf

64 Ver https://www.ftc.gov/system/files/documents/public_comments/2018/12/ftc-2018-0098-d-0036-163372.pdf

2. Dos princípios às Leis Gerais de Proteção de Dados Pessoais: a abordagem europeia

Em 1975, em relatório publicado pela Organização para Cooperação e Desenvolvimento Econômico, observou-se que as diferentes experiências de Suécia, França, Alemanha e outros países integrantes da OCDE[65] na criação de leis de privacidade e proteção de dados pessoais apresentava "similaridade impressionante apesar de ações independentes"[66]. Colin Bennett, em estudo clássico da ciência política sobre "convergência da regulação da privacidade", demonstrou que a experiência europeia foi construída a partir de uma filosofia comum e uma atenção a princípios fundamentais de justiça, muitas vezes chamados de "*Fair Information Practices Principles*" em razão da atuação do governo dos EUA.[67]

Concebidos a nível local pelo Departamento da Saúde e Bem-Estar do governo estadunidense,[68] os princípios de práticas informacionais justas são a base de todas as normas transnacionais e nacionais de proteção de dados pessoais.[69] Ao ampliar de cinco[70]

---

65 Sobre os membros da OCDE e sua história, ver http://www.oecd.org/about/history/

66 OECD, Developments in Data Protection and Privacy by OECD Countries, Survey from OECD'S Computer Utilization Group. Paris: OECD, 1975, p. 2.

67 Para o estudo de Bennett, ver capítulos 3 e 4. BENNETT, Colin. *Regulating Privacy: data protection and public policy in Europe and the United States*. Cornell University Press, 1992, p. 95-155.

68 Disponível em: https://www.justice.gov/opcl/docs/rec-com-rights.pdf

69 GELLMAN, Robert, *Fair Information Practices: A Basic History*, Rochester, NY: Social Science Research Network, 2017.

70 1. There must be no personal datarecord keeping systems whose very existence is secret. 2.There must be a way for an individual to find out what information about him (or her) is in a record and how it is used. 3. There must be a way for an individual to prevent information about him (or her) that was obtained for one purpose from being used or made available for other purposes without his (or her) consent. 4. There must be a way for an individual

para oito princípios,[71] a OCDE acabou por transformá-los na espinha dorsal da grande gama dos regimes jurídicos de proteção de dados ao redor do mundo. O objetivo era justamente estabelecer pilares pelos quais diferentes leis nacionais estariam neles escorados para evitar regras conflituosas, as quais poderiam impor barreiras ao livre fluxo informacional. Em poucas palavras, a moldura normativa de proteção de dados a nível global deveria ser responsiva à demanda de uma economia global que já se apresentava dependente da troca de dados.[72] Esse foi o projeto regulatório pensando pelos europeus, combinando ambições de economia política (construção de um espaço de livre comércio dentro do território europeu) com uma visão forte de direitos fundamentais, teoria que ganhou força na filosofia política do pós-guerra.[73]

---

to correct or amend a record of identifiable information about him (or her). 5. Any organization creating, maintaining, using or disseminating records of identifiable personal data must assure the reliability of the data for their intended use and must take precautions to prevent misuse of the data. Disponível em: <https://www.justice.gov/opcl/docs/rec-com-rights.pdf>.

71 Os oito princípios são: a) Limitação de Coleta (Collection Limitation Principle); b) Qualidade dos dados (Data Quality Principle); c) Especificação dos propósitos (Purpose Specification Principle); d) Limitação do uso (Use Limitation Principle); e) Padrões mecanismos de segurança (Security Safeguards Principle); f) Abertura (Openness Principle); g) Participação individual (Individual Participation Principle); h) Responsabilidade (Accountability Principle).

72 BIONI, Bruno Ricardo, A produção normativa a respeito da privacidade na economia da informação e do livre fluxo informacional transfronteiriço, *in*: *Direitos e novas tecnologias: XXIII Encontro Nacional do Conpedi*, Florianópolis: Conpedi, 2014, v. 1, p. 59–82.

73 KERSON, D. L. A. The European Convention for the protection of human rights and fundamental freedoms. *California Law Review*, v. 49, p. 172, 1961. PESCATORE, Pierre. Fundamental rights and freedoms in the system of the European Communities. *American Journal of Comparative Law*, v. 18, p. 343, 1970.

2.1. A harmonização jurídica via Convenção Internacional 108 e Parlamento Europeu

O trabalho da OCDE durante a década de 1970 mobilizou uma forte atuação política em sentido de convergência. Após um trabalho de cooperação em nível comunitário conduzido pelo *Committee on Legal Data Processing*,[74] o Conselho da Europa abriu para adesões a Convenção Internacional 108 de proteção de dados pessoais, sendo este o primeiro instrumento normativo transnacional vinculante de proteção de dados pessoais. A exemplo das diretrizes da OCDE, as FIPPs orientam toda a sua estrutura normativa,[75] colocando-se também como um mecanismo de uniformização de normas de proteção de dados para não travar o livre fluxo de dados.[76] Nesse sentido, como regra, há inclusive a proibição de que países-membros da convenção imponham restrições uns aos outros, sob o argumento puro e abstrato da proteção da privacidade, no que diz respeito à transferência internacional de dados.[77]

---

74 "The OECD established its first expert group, the Data Bank Panel, as early as 1969. In 1978, a new Group of Experts on Transborder Data Barriers and Privacy Protection was established and instructed to draft a set of recommendations. The resulting "Guidelines on the Protection of Privacy and Transborder Flows of Personal Data" (Guidelines) were adopted by the OECD in 1980". BING, Jon. The Council of Europe Convention and OECD Guidelines on Data Protection. *Michigan Legal Studies*, v. 5, p. 271, 1984.

75 GELLMAN, Robert, *Fair Information Practices: A Basic History*, Rochester, NY: Social Science Research Network, 2017.

76 O termo livro fluxo está presente inclusive nas "considerandas" da Convenção: "Recognising that it is necessary to reconcile the fundamental values of the respect for privacy and the free flow of information between peoples".

77 Trata-se do artigo 12 do Convenção cuja proibição foi mantida na versão revisada de 2018: "A Party shall not, for the sole purpose of the protection of personal data, prohibit or subject to special authorisation the transfer of such data to a recipient who is subject to the jurisdiction of another Party to the Convention. Such a Party may, however, do so if there is a real and serious risk that the transfer to another Party, or from that other Party to a

No meio da década de 90, a União Europeia, também valendo-se das FIPPs,[78] editou a Diretiva 95/46/EC. Um dos seus principais objetivos era assegurar igualmente um grau mínimo de convergência regulatória, o qual estimularia a integração econômica entre seus países-membros na linha do que previu o tratado de criação do bloco econômico europeu.[79] Sendo uma d*iretiva*, e não um r*egulamento*, seu conteúdo foi pensado como uma espécie de "sugestão de adaptação" aos Estados-membros da União Europeia, permitindo, ainda, um certo grau de manobra e de variação jurídica entre países como Itália, Espanha, Alemanha e Reino Unido. Os "considerandos" da diretiva deixam clara essa possibilidade de criações jurídicas nacionais diferenciadas e uma forte preocupação com a harmonização em nível comunitário:

> "(8) Considerando que, para eliminar os obstáculos à circulação de dados pessoais, o nível de proteção dos direitos e liberdades das pessoas no que diz respeito ao tratamento destes dados deve ser equivalente em todos os Estados-membros; que a realização deste objetivo, fundamental para o mercado interno, não pode ser assegurada unicamente pelos Estados-membros, tendo especialmente em conta a dimensão das divergências que se verificam atualmente a nível das legislações nacionais aplicáveis na matéria e a necessidade do coordenar as legislações dos Estados-membros para assegurar que a circulação transfronteiras de dados pessoais seja regulada de forma coerente e em conformidade com o

---

non-Party, would lead to circumventing the provisions of the Convention. A Party may also do so, if bound by harmonised rules of protection shared by States belonging to a regional international organisation."

78 GONZÁLEZ FUSTER, Gloria, *The emergence of personal data protection as a fundamental right of the EU*, Cham: Springer, 2014.

79 Esse é o conteúdo da primeira consideranda da diretiva 95/46 que cita os tratados de criação do bloco econômico europeu, fazendo alusão à "eliminar barreiras que dividem a Europa" para "assegurar progresso econômico e social".

objetivo do mercado interno nos termos do artigo 7ºA do Tratado; que é portanto necessária uma ação comunitária com vista à aproximação das legislações;
(9) Considerando que, devido à proteção equivalente resultante da aproximação das legislações nacionais, os Estados-membros deixarão de poder levantar obstáculos à livre circulação entre si de dados pessoais por razões de proteção dos direitos e liberdades das pessoas, nomeadamente do direito à vida privada; que é deixada aos Estados-membros uma margem de manobra que, no contexto da aplicação da diretiva, poderá ser utilizada pelos parceiros econômicos e sociais; que os Estados-membros poderão, pois, especificar na sua legislação nacional as condições gerais de licitude do tratamento de dados; que, ao fazê-lo, os Estados-membros se esforçarão por melhorar a proteção atualmente assegurada na respectiva legislação nacional; que, nos limites dessa margem de manobra e em conformidade com o direito comunitário, poderão verficar-se disparidades na aplicação da diretiva, o que poderá refletir-se na circulação de dados quer no interior de um Estado-membro, quer na Comunidade"[80];

A diretiva de outubro de 1995 da União Europeia estabeleceu um regramento básico, aprofundando o processo de "policy convergence" nos termos de Colin Bennett. Conforme notado por Rita Blum, a diretiva enfatizou "a importância de cada Estado-membro ter a sua própria legislação para tratar os dados pessoais, a qual pode ser concretizada por uma lei geral relativa à proteção das pessoas e por leis setoriais como, por exemplo, as relativas aos institutos de estatística"[81]. A legislação também definiu um conceito unificado de *tratamento de dados* ("qualquer operação ou conjunto de operações efetuadas sobre dados pessoais, com ou sem meios automatizados, tais como a coleta, registro, orga-

80 Ver a Diretiva em https://eur-lex.europa.eu/legal-content/PT/TXT/HTML/?uri=CELEX:31995L0046&from=EN

81 BLUM, Rita Peixoto. *O direito à privacidade e à proteção de dados pessoais*. São Paulo: Almedina, 2018, p. 115.

nização, conservação, adaptação ou alteração, recuperação, consulta, ou qualquer outra forma de colocação à disposição, com comparação ou interconexão, bem como o bloqueio, apagamento ou destruição"), definindo que o tratamento só pode ocorrer, dentro de um Estado-membro, se os dados forem:

a) Objeto de um tratamento leal e lícito;
a) Recolhidos para finalidades determinadas, explícitas e legítimas, e que não serão posteriormente tratados de forma incompatível com essas finalidades (sendo que o tratamento posterior para fins históricos, estatísticos ou científicos não é considerado incompatível desde que os Estados-membros estabeleçam garantias adequadas);
b) Adequados, pertinentes e não excessivos relativamente às finalidades para que são recolhidos e para que são tratados posteriormente;
c) Exato e, se necessário, atualizado (sendo que devem ser tomadas todas as medidas razoáveis para assegurar que os dados inexatos ou incompletos, tendo em conta as finalidades para que foram recolhidos ou para que são tratados posteriormente, sejam apagados ou retificados);
d) Conservados de forma a permitir a identificação das pessoas em causa apenas durante o período necessário para a prossecução das finalidades para que foram recolhidos ou para que são tratados posteriormente (sendo que os Estados-membros estabelecerão garantias apropriadas para os dados pessoais conservados durante períodos mais longos do que o referido, para fins históricos, estatísticos ou científicos).

Nos anos 2000, a Carta de Direitos Fundamentais da União Europeia destacou o direito à proteção de dados pessoais do direito à privacidade.[82] A autonomia desse novo direito fundamental é o ponto de chegada de teóricos europeus - dos quais se destaca o jurista e político Stefano Rodotà -que por trás dele enxergavam um conjunto de direitos que configurariam a nova cidadania do milênio e, em última análise, o cerne das próprias relações sociais.[83]

2.2. O esforço político para construção do Regulamento Geral de Proteção de Dados Pessoais

Como se percebe, o modelo jurídico construído na União Europeia é marcado por complexidades e um conjunto de fatores que se sobrepõem ao longo do tempo. Primeiro, houve um processo de aprendizado institucional e regulatório por parte da OCDE no final da década de 1970, mobilizando ativamente uma estratégia regional por meio da Convenção 108 sobre fluxos internacionais de dados, firmada em 1981. Segundo, houve um processo de harmonização de leis nacionais fortes, durante as décadas de 1980 e 1990, e de teorização da proteção de dados pessoais como direito fundamental - ou seja, como um "direito de manter o controle sobre suas próprias informações e de determinar a maneira de construir sua própria esfera particular"[84]. Terceiro, houve um *processo de diferenciação* do direito à privacidade ao direito à proteção de dados pessoais, fenômeno que não ocorreu com clareza nos EUA e que se cristalizou na elaboração da Carta dos Direitos Fundamentais da União Eu-

82 Artigo 8o da Carta de Direitos Humanos Fundamentais.

83 RODOTÀ, Stefano, *Il diritto di avere diritti*, Roma; Bari: Laterza, 2013. p. 321.

84 RODOTÀ, Stefano. *A vida na sociedade de vigilância: a privacidade hoje.* Tradução Danilo Doneda e Luciana Doneda. Rio de Janeiro: Renovar, 2008, p. 15.

ropeia.[85] Como explica Stefano Rodotà, que por muitos anos foi a autoridade garante de proteção de dados pessoais na Itália, "no direito ao respeito à vida privada e familiar manifesta-se sobretudo o momento individualista; nele o poder se exaure substancialmente pela exclusão de interferências de terceiros: a tutela é estática, negativa. A proteção de dados, ao contrário, fixa regras sobre as modalidades de tratamento dos dados, concretiza-se em poderes de intervenção: a tutela é dinâmica, segue os dados em sua circulação.[86] Os poderes de controle e de intervenção, além disso, não são atribuídos somente aos interessados diretos, mas são confiados também a uma autoridade independente"[87]. Foi essa teorização que motivou experiências como o Código Italiano em Matéria de Tratamento de Dados Pessoais,[88] aprovado em junho de 2003, e uma coordenação estratégica, por parte do Parlamento Europeu, para iniciar um trabalho de revisão da diretiva de 1995 e construção de uma nova norma jurídica, aplicável a toda a União Europeia, sobre proteção de dados pessoais.

O ano de 2010 é considerado chave para compreensão das origens da *General Data Protection Regulation* (GDPR) e suas negociações políticas em Bruxelas. Uma das origens do regulamento é o documento "*A comprehensive approach on personal data protection in EU*" publicado por um grupo de experts em proteção de dados pessoais reunidos no European Data Protection Supervisory (EDPS), entidade independente fundada em janeiro de 2004 para supervisão das atividades de proteção

85 RODOTÀ, Stefano. *A vida na sociedade de vigilância: a privacidade hoje*. Tradução Danilo Doneda e Luciana Doneda. Rio de Janeiro: Renovar, 2008, p. 175.

86 BIONI, Bruno Ricardo, *Proteção de Dados Pessoais: a função e os limites do consentimento*, Rio de Janeiro: Forense, 2019.

87 RODOTÀ, Stefano. *A vida na sociedade de vigilância: a privacidade hoje*. Tradução Danilo Doneda e Luciana Doneda. Rio de Janeiro: Renovar, 2008, p. 198-199.

88 DONEDA, Danilo. Um código para a proteção de dados pessoais na Itália. *Revista Trimestral de Direito Civil*, Rio de Janeiro, v. 16, p. 117, 2003.

de dados pessoais na União Europeia e inicialmente presidida por Peter Johan Hustinx.[89] Nesse documento, constatou-se que "os desafios exigem que a União Europeia desenvolva uma abordagem abrangente e coerente, garantindo que o direito fundamental à proteção de dados para os indivíduos seja plenamente respeitado dentro e fora da UE"[90].

A partir do diagnóstico de que a União Europeia possui uma "forte dimensão de mercado interno", o relatório apontou para a necessidade de simplificação e harmonização das diferentes leis nacionais em torno de um regulamento, com eficácia vinculante aos Estados-membros. Diferentemente da diretiva, o regulamento é uma modalidade legislativa que tem eficácia direta, sem a necessidade nacionalização pelos países-membros, e mais prescritiva deixando pouca margem para variação jurídica. Como conclusão, a EDPS afirmou que "na sequência de uma avaliação de impacto e tendo em conta a Carta dos Direitos Fundamentais da UE, a Comissão irá propor legislação em 2011 destinada a rever o quadro jurídico relativo à proteção de dados, com o objetivo de reforçar a posição da UE na proteção dos dados pessoais do indivíduo no contexto de todas as políticas da UE"[91].

Dito e feito. Em 2012, a partir de uma definição de estratégia consolidada e por meio da liderança da comissária de

89 Hustinx foi membro da Comissão Real de Proteção de Dados Pessoais da Holanda entre 1972 e 1976, membro do Conselho da Europa e presidente do Comitê de Dados Pessoais entre 1985 e 1988, e presidente da Autoridade de Proteção de Dados Pessoais da Holanda entre 1991 e 2003. Em 2004, foi nomeado presidente do European Data Protection Supervisor.

90 EUROPEAN COMMISSION, Communication from the Commission to the European Parliament, the Council, the Economic and Social Committee and the Committee of the Regions, *"A comprehensive approach on personal data protection in the European Union"*, Brussels, 2010, p. 4. Disponível em: https://eur-lex.europa.eu/LexUriServ/LexUriServ.do?uri=COM:2010:0609:FIN:EN:PDF

91 EUROPEAN COMMISSION, Communication from the Commission to the European Parliament, the Council, the Economic and Social Committee and the Committee of the Regions, *"A comprehensive approach on personal data protection in the European Union"*, Brussels, 2010, p. 18.

Justiça, Direitos Fundamentais e Cidadania Viviane Reding,[92] a Comissão Europeia anunciou uma ampla reforma da legislação de proteção de dados pessoais, o embrião da *General Data Protection Regulation*.[93] De acordo com o anúncio feito à comunidade internacional em janeiro de 2012,[94] a reforma consistiria nos seguintes elementos:

a) Um conjunto único de regras sobre proteção de dados, válido em toda a UE. Requisitos administrativos desnecessários, como requisitos de notificação para empresas, serão removidos (com economia de cerca de 2,3 bilhões de euros por ano);
b) Em vez da obrigação de todas as empresas de notificar todas as atividades de proteção de dados aos supervisores de proteção de dados – um requisito que resultou em burocracia desnecessária e custa às empresas € 130 milhões por ano, o regulamento prevê maior responsabilidade e prestação de contas para aqueles que processam dados pessoais;
c) Empresas e organizações devem notificar a autoridade supervisora nacional sobre violações graves de dados o mais rápido possível (se possível dentro de 24 horas);

---

92 Viviane Reding é uma política de Luxemburgo, doutora em ciências sociais pela Universidade de Sorbonne e membra do Parlamento Europeu. Entre 2004 e 2010 foi comissária para Educação e Cultura. Entre 2010 e 2014 foi comissária de Justiça, Direitos Fundamentais e Cidadania.

93 O anúncio de Viviane Reding, feito em 25 de janeiro de 2012, está disponível online: https://www.youtube.com/watch?v=9binnTteKeA

94 Em artigos acadêmicos, Reding apresentou as linhas gerais da GDPR. Ver REDING, Viviane. The upcoming data protection reform for the European Union. *International Data Privacy Law*, v. 1, n. 1, p. 3-5, 2010. REDING, Viviane. The European data protection framework for the twenty-first century. *International Data Privacy Law*, v. 2, n. 3, p. 119-129, 2012.

d) As organizações só terão de lidar com uma única autoridade nacional de proteção de dados no país da UE onde têm o seu estabelecimento principal. Da mesma forma, as pessoas podem se referir à autoridade de proteção de dados em seu país, mesmo quando seus dados são processados por uma empresa sediada fora da UE. Sempre que o consentimento é necessário para que os dados sejam processados, fica claro que ele deve ser dado explicitamente, em vez de ser assumido;
e) As pessoas terão acesso mais fácil aos seus próprios dados e poderão transferir dados pessoais de um provedor de serviços para outro com mais facilidade (direito à portabilidade de dados), aumentando a concorrência entre os serviços;
f) Um "direito de ser esquecido" ajudará as pessoas a gerenciar melhor os riscos de proteção de dados on-line: as pessoas poderão excluir seus dados se não houver motivos legítimos para retê-los;
g) As regras da UE devem aplicar-se caso os dados pessoais sejam tratados no exterior por empresas que operam no mercado da UE e ofereçam os seus serviços aos cidadãos da UE;
h) As autoridades nacionais independentes de proteção de dados serão reforçadas para que possam aplicar melhor as regras da UE em seus países. Eles terão poderes para multar as empresas que violarem as regras de proteção de dados da UE. Isso pode levar a multas de até € 1 milhão ou até 2% do faturamento anual global de uma empresa.[95]

95 EUROPEAN COMMISSION, *A comprehensive reform of data protection*

i) criação do European Data Protection Board/ EDPB, o qual substitui o antigo grupo de trabalho artigo 29. Com isso, criou-se, um arranjo institucional com o objetivo de garantir "consistência" no plano de aplicação e fiscalização da nova lei de proteção de dados pessoais. Cabe, por exemplo, ao EDPB[96] emitir opinião quando existir conflito de visões entre autoridades nacionais de proteção de dados pessoais, sendo vinculante a sua respectiva decisão.[97] Atacou-se em dois planos, normativo e institucional, a uniformização da regulação acerca da proteção de dados pessoais.

O trabalho político arquitetado pelos membros do Parlamento Europeu, que enfrentou severos lobbies contrários por parte das grandes empresas de tecnologia (detalhados no filme *Democracy*[98] dirigido por David Bernet), foi apoiado pela Working Party 29 (grupo de autoridades de Proteção de Dados Pessoais) em notas técnicas publicadas em 2012. Após um período de longas negociações no Parlamento Europeu, o Comitê de Liberdades Civis, Justiça e Assuntos Domésticos, liderado pelo jovem Jan-Philipp Albrecht (Partido Verde da Alemanha) e por Dimitrios Droutsas (Partido Socialista da Grécia), aprovou um

---

rules to increase users' control of their data and to cut costs for businesses, EC: Brussels, 2012. Disponível em: http://europa.eu/rapid/press-release_IP-12-46_en.htm

96 https://edpb.europa.eu/about-edpb/about-edpb_en

97 É o chamado mecanismo de resolução de disputa previsto no artigo 65 da GDPR.

98 POWLES, Julia. Democracy: the film that gets behind the scenes of the European privacy debate, *The Guardian*, 14/11/2015 (detalhando os bastidores da negociação e aprovação do GDPR). Disponível em: https://www.theguardian.com/technology/2015/nov/14/democracy-film-european-data-protection-privacy-debate

texto em outubro de 2013.[99] Foram impulsionados pelos efeitos políticos tectônicos do caso Edward Snowden. Em março de 2014, o Parlamento Europeu votou por esmagadora maioria (621 votos a favor e 10 votos contrários) em favor da proposta de regulamento relatada por Albrecht e Droutsas. Após a histórica votação do regulamento, o Parlamento Europeu publicou *press release* com a seguinte declaração de Viviane Reding:

> "A mensagem que o Parlamento Europeu está enviando é inequívoca: esta reforma é uma necessidade, e agora é irreversível. Os parlamentares eleitos diretamente pela Europa ouviram os cidadãos europeus e as empresas europeias e, com esta votação, deixaram claro que precisamos de uma lei europeia de proteção de dados uniforme e forte, que facilite a vida das empresas e reforce a proteção dos nossos cidadãos. A proteção de dados é feita na Europa. Regras rigorosas de proteção de dados devem ser a marca da Europa. Após os escândalos de espionagem de dados dos EUA, a proteção de dados é mais do que nunca uma vantagem competitiva"[100].

Em 2015, o texto recebeu recomendações de mudanças pelo European Data Protection Supervisor (EDPS) - já sob a direção de Giovanni Butarelli[101] -, chegando a um consenso político em dezembro daquele ano. Em fevereiro de 2016, a Working Party 29 lançou um "plano de ação" para implementação do novo regulamento e, em 27 de abril de 2016, finalmente ocorreu a aprovação

---

99 Ver http://europa.eu/rapid/press-release_MEMO-14-60_en.htm

100 EUROPEAN COMMISSION, Progress on EU data protection reform now irreversible following European Parliament vote, EC: Strasbourg, 2014. Disponível em: http://europa.eu/rapid/press-release_MEMO-14-186_pt.htm

101 Butarelli é um jurista italiano, formado na Universidade La Sapienza (Roma), com experiência de mais de 10 anos na Secretaria Executiva da Autoridade de Proteção de Dados Pessoais da Itália, onde trabalhou com Stefano Rodotà. Em 2015, substituiu Peter Hustinx na Presidência da EPDS.

e publicação oficial do Regulamento (EU) 2016/679.[102] Enfim, o projeto capitaneado pelo Parlamento Europeu tornou-se uma das normas jurídicas mais importantes do século XXI – ao menos no nível político e discursivo[103] –, projetada para ter efeito vinculante a partir de 25 de maio de 2018.

2.3. Transferências internacionais, o "Mercado Único Europeu" e a co-regulação

Em 2015, o fórum para Cooperação Econômica Ásia-Pacífico/APEC também editou um conjunto de diretrizes sobre proteção de dados, buscando criar padrões normativos "interoperáveis" para desafogar o fluxo transfronteiriço de dados.[104] Diferentemente dos outros instrumentos transnacionais, a APEC já havia estabelecido antes, em 2005, um sistema de certificação para transferência internacional – Regras Transfronteiriças de Privacidade/CBPR[105] Organizações poderiam aderir voluntariamente a tais regras, sendo certificados os seus respectivos programas de conformidade para viabilizar transferência internacional de dados dentre os países fazem parte do programa.[106]

Com exceção da APEC, todos os organismos transnacionais citados revisaram as suas normas de proteção de dados pessoais no curto período de 6 anos. Para além de uma investigação se há uma nova rodada de convergência regulatória, que agora não tende a ser somente calibrada pelas FIPPs, é importante notar que todos os instrumentos internacionais e regionais fo-

102Para uma análise de diferentes elementos do Regulamento, ver MALDONADO, Viviane (ed.), *Comentários ao GDPR: Regulamento Geral de Proteção de Dados da União Europeia.* São Paulo: Thomson Reuters, 2018.

103 ALBRECHT, Jan Philipp. How the GDPR will change the world. *European Data Protection Law Review*, v. 2, p. 287, 2016.

104 Disponível em: https://www.apec.org/Publications/2017/08/APEC--Privacy-Framework-(2015)

105 Disponível em: <http://cbprs.org/>

106 Atualmente 08 (oito) países fazem parte do programa: Estados Unidos, México, Japão, Canadá, Singapura, Coreia, Austrália e China

ram modernizados tendo como um dos seus principais gargalos a expansão dos mecanismos de transferência internacional.

Nesse sentido, o novo Regulamento Europeu de Proteção de Dados Pessoais, a Convenção Internacional de Proteção de Dados do Conselho da Europa e o *Privacy Framework* da OCDE passaram a prever ou reforçar a importância de compromissos voluntários por parte das organizações para fins de transferência internacional. Como uma válvula de escape ao sistema de análise sobre se o país destinatário teria um nível equivalente de proteção de dados, selos e códigos de boas condutas passaram a compor um cardápio mais amplo de opções para destravar o livre fluxo de dados. Nota-se, inclusive, um movimento semelhante no cenário brasileiro acerca do alargamento da caixa de ferramentas para fins transferência internacional:

OCDE	CoE	UE	Brasil
Ao destacar a importância dos	Ao prever que a transferência	Enquanto a diretiva reconhecia apenas	Selos e códigos de boas condutas
programas corporativos de privacidade,[106] acaba por interligá-los ao movimento da APEC, CBPRs, que respalda a transferência internacional de dados em compromissos voluntários[107] firmados pelas organizações e certificados por terceiros.	internacional de dados poderá se dar de forma *ad hoc* ou mediante salvaguardas padronizadas através de instrumento vinculante por parte, o novo texto da Convenção abre espaço para que códigos de boas condutas e selos sejam veículos para transferência internacional de dados	expressamente cláusulas contratuais-padrão como um compromisso voluntário para respaldar transferência internacional, o regulamentou previu também códigos de boas condutas e selos[108]	não constavam na versão do então anteprojeto de lei,[109] tendo sido incorporados somente no desenho final da lei aprovada no Congresso Nacional.[110]

Desde a década de 80, há uma tensão permanente em se arquitetar arranjos normativos a nível regional e transnacional convergentes que não restrinjam o fluxo de informações transfronteiriço. As últimas gerações[107] de leis de proteção de dados

107 MAYER-SCHONEBERGER, Viktor, Generational development of data protection in europe, *in*: AGRE, Philip; ROTENBERG, Marc (Orgs.), *Technology and privacy: the new landscape*, 1st paperback ed. Cambridge, Mass.:

pessoais reforçaram essa tônica ao ampliar os mecanismos pelos quais se pode ativar a transferência internacional de dados, criando ou reforçando válvulas de escape com base em compromissos privados de organizações que dependem desse livre trânsito de dados para suas operações. Os próximos anos nos reservam novos capítulos dessa permanente tensão geopolítica, mas sob um novo roteiro, que abre espaço para que organizações privadas assumam cada vez mais protagonismo e sejam mais proativas para circulação transfronteiriço da informação.

A União Europeia, por meio do Regulamento Geral de Proteção de Dados Pessoais, avançou um sistema de co-regulação no qual os controladores possuem enormes funções (obrigações jurídicas, documentação de processos e avaliações de impacto) e o próprio setor privado possui a alternativa se organizar mecanismos de certificação, criação de arranjos contratuais protetivos de direitos (os chamados *binding corporate rules*) e a possibilidade de instrumentos privados voltados à transferência internacional de dados. Ao mesmo tempo, os reguladores europeus não deixaram de lado o "porrete" e a velha abordagem de comando e controle. Em casos de descumprimentos das normas e dos direitos fundamentais assegurados na GDPR, as sanções a serem aplicadas podem tornar-sebastante elevadas, chegando a 50 milhões de euros a um mesmo grupo econômico. Como declarado por Reding, busca-se assim o fortalecimento de uma economia de dados no continente europeu e a proteção de direitos fundamentais afirmados historicamente.

3. Tendências jurídicas e desafios para o direito regulatório brasileiro

A emergência explícita de um "capitalismo dadocêntrico" tem friccionado as concepções jurídicas dominantes e o próprio modelo construído na União Europeia, visto por muitos crí-

---

MIT Press, 1998, p. 219–242.

ticos como limitado e excessivamente focado nas obrigações jurídicas dos controladores e operadores, em um cenário de difícil fiscalização e de controle efetivo de quebra dos "fluxos adequados de dados"[108]. Apesar das altas aspirações e das críticas, experiências como a GDPR e a LGPD são hoje, como nota Ricardo Abramovay, "a mais ambiciosa tentativa de iniciar a mudança no funcionamento do punhado de empresas que dominam o mundo atual"[109]. Concordamos com Abramovay quando afirma que a defesa "do poder dos cidadãos sobre seus dados pessoais" é "um dos importantes fundamentos da vida pública, tanto na economia, como na política"[110]. Essa disputa de poder deve ser vista, também, da perspectiva da construção do direito regulatório e da relação entre softwares, código e algoritmos com a normatividade.[111]

Nesta seção, destacamos três tendências e suas limitações para o Sul Global: (i) a emergência do *privacy by design* e a

108 A expressão é da filósofa Helen Nissenbaum. Por questões de escopo, não poderemos detalhar os elementos estruturantes da teoria da privacidade como integridade contextual. Ver NISSENBAUM, Helen. *Privacy in context: Technology, policy, and the integrity of social life*. Stanford University Press, 2009.

109 ABRAMOVAY, Ricardo. Aos dados, cidadãos!, *Revista Quatro Cinco Um*, São Paulo, abril de 2018, p. 6.

110 ABRAMOVAY, Ricardo. Aos dados, cidadãos!, *Revista Quatro Cinco Um*, São Paulo, abril de 2018, p. 6.

111 Essa é uma das teses centrais de *Future Politics*, do cientista político Jamie Sussking, em livro publicado pela Oxford University Press em 2018. Para uma resenha, ver ABRAMOVAY, Ricardo. Sociedade da vigilância em rede, *Revista Quatro Cinco Um, São Paulo*, março de 2019 ("Se, durante o século 20, se tratava de saber em que medida a nossa vida era determinada pelo Estado, pelo mercado e pela sociedade civil, agora a questão (que norteia o livro de Susskind) é outra: em que medida a nossa vida será determinada por poderosos sistemas digitais e em que termos esse poder será exercido. A dominação — a capacidade de fazer os outros agirem segundo a vontade do dominador, na célebre definição de Max Weber — cada vez mais estará em códigos a partir dos quais nossos equipamentos trarão a instrução sobre o que podemos e o que não podemos fazer. No lugar das regulamentações escritas virão as prescrições programadas").

regulação por arquitetura, (II) a centralidades dos mecanismos de documentação e responsabilização (*accountability*) e o surgimento de (III) avaliações de impacto à proteção de dados pessoais, em aproximação com um modelo regulatório construído no campo ambiental.

3.1. *Privacy by design* e normatividade pela programação

A ideia de que a própria tecnologia é um mecanismo de modulação de comportamentos sociais não é nova. Em 1980, em um artigo publicado na revista do Massachusetts Institute of Technology (MIT), o cientista político Langdon Winner já apontava como a arquitetura urbanística reforçava a segregação racial na sociedade norte-americana através da construção de túneis e pontes inacessíveis pelo transporte público – majoritariamente utilizado por pessoas de etnia negra.[112]

Já na década de 90, Lawrence Lessig[113] verticalizou tal abordagem sociotécnica para o campo da internet, investigando especialmente como *softwares* e *hardwares* poderiam reforçar ou esvaziar os comandos legais. Ao cunhar a expressão clássica e intercambiável o "Código é a Lei", o professor de Harvard joga ainda mais luz sobre o poder normativo dos artefatos tecnológicos em contraste ao codificado em leis.

Mais recentemente, filósofos da informação como Mireille Hildebrant[114] e Luciano Floridi[115], avançaram nessa análise ao investigar como há uma infraestrutura informacional, além de uma infraestrutura física, que orquestra a vida das pessoas. Um

112 WINNER, Langdon, Do Artifacts Have Politics?, *Daedalus*, v. 109, n. 1, p. 17, 1980.

113 LESSIG, Lawrence, *Code 2.0*, New York, NY: Basic Books, 2006.

114 HILDEBRANDT, Mireille, *Smart technologies and the end(s) of law: novel entanglements of law and technology*, Paperback edition. Cheltenham, UK Northampton, MA, USA: EE Edward Elgar Publishing, 2016.

115 FLORIDI, Luciano, *The 4th revolution: how the infosphere is reshaping human reality*, Oxford: Oxford Univ. Press, 2014.

visão ecológica[116], no sentido mais amplo do termo, que leva em consideração a interdependência entre os seres vivos (cidadãos) e não vivos (artefatos) na reconfiguração do meio-ambiente que condiciona o comportamento dos seus habitantes.[117]

Desde a década de 90,[118] também se nota um movimento que enxerga a tecnologia como um mecanismo de melhoramento da privacidade – tradução literal do termo *privacy enhancing technologies/PETs*. O movimento das PETs é o germe do que hoje é conhecido por *privacy by design*, repetido como um mantra[119] para a codificação da proteção dos dados pessoais já na fase de prototipagem de serviços e produtos.

Passadas algumas décadas, nota-se, a exemplo da LGPD[120] e da GDPR,[121]uma abordagem recente em torno da positivação do conceito de *privacy by design*. Isto é os textos da leis passaram a prever expressamente o dever dos agentes econômicos em assegurar a proteção de dados pessoais desde a concepção de seus produtos e serviços.[122] Trata-se uma meta ambiciosa, que aposta na colaboração de quem está na linha de produ-

---

116 SPINA, Alessandro, *Laudato Si' and Augmented Reality - In Search of an Integral Ecology for the Digital Age*, Rochester, NY: Social Science Research Network, 2017.

117 BIONI, Bruno Ricardo, Ecologia: uma narrativa inteligente para a proteção de dados pessoais nas cidades inteligentes, *in*: BARBOSA, Alexandre F. (Org.), *Pesquisa sobre o uso das tecnologias de informação e comunicação no setor público brasileiro : TIC governo eletrônico 2017*, São Paulo: Comitê Gestor da Internet, 2018, p. 53–62.

118 GOLDBERG, I.; WAGNER, D.; BREWER, E., Privacy-enhancing technologies for the Internet, *in*: *Proceedings IEEE COMPCON 97. Digest of Papers*, San Jose, CA, USA: IEEE Comput. Soc. Press, 1997, p. 103–109.

119 BYGRAVE, Lee A., *Hardwiring Privacy*, Oslo, Noruega: Faculdade de Direito da Universidade de Oslo, 2017.

120 Art. 46, § 2º, da LGPD.

121 Art. 25(1) da GDPR.

122 ZANATTA, Rafael A. F., A proteção de dados pessoais entre leis, códigos e programação: os limites do Marco Civil da Internet, *in*: *Direito & Internet III: Marco Civil da Internet*, São Paulo: Quartier Latin, 2015, v. 1, p. 447–470.

ção[123] em gerenciar os riscos[124] da sua própria atividade econômica. É uma nova moldura jurídico-teórica[125] que vai muito além da mera positivação em si de *privacy by design*.

Há uma agenda ainda a ser explorada, por acadêmicos e reguladores, que investigue quais são os gargalos para a materialização de um conceito formulado teoricamente na década de 90, mas que apenas recentemente foi previsto em leis. Dito de outra forma, quais são os riscos e as oportunidades em virtude da codificação (legal) de *privacy by design*, sobretudo as limitações que são ínsitas à formalização legal de um conceito até então tão evasivo.

No Brasil e na Índia, por outro lado, a ideia de *privacy by design* ainda é um projeto em construção. O ponto de partida, no que toca ao Brasil, é a Lei Geral de Proteção de Dados Pessoais, que prevê uma dimensão principiológica de precaução. O art. 6º estabelece que, dentre os princípios da legislação, está a "adoção de medidas para prevenir a ocorrência de danos em virtude do tratamento de dados pessoais". Apesar de não haver uma menção explícita à "privacidade por desenho" (ou *por default*), o capítulo que trata de segurança e boas práticas estabelece comandos normativos de *estímulo* ao setor privado, deixando essa missão em aberto para controladores e operadores.

Está em aberto a questão da efetividade dessas normas e mesmo a possibilidade de o Estado criar mecanismos de "san-

123 BIONI, Bruno Ricardo, *Entre linhas de Código e de Fábrica: o que a GDPR tem a ver com o ex-presidente americano John F. Kennedy?*, GEN Jurídico, Junho de 2018. Disponível em: http://genjuridico.com.br/2018/06/12/entrelinhas-de-codigo-e-de-fabrica-o-que-gdpr-tem-ver-com-o-ex-presidente-americano-john-f-kennedy/

124 MACENAITE, Milda, The "Riskification" of European Data Protection Law through a two-fold Shift, *European Journal of Risk Regulation*, v. 8, n. 03, p. 506–540, 2017.

125 ZANATTA, Rafael A. F., Proteção de dados pessoais como regulação do risco: uma nova moldura teórica?, *in*: *I Encontro da Rede de Pesquisa em Governança da Internet*, Rio de Janeiro: Rede de Pesquisa em Governança da Internet, 2018, p. 175–193.

ções premiais"[126] e de estímulo a essas práticas por meio de políticas tarifárias e tributárias (a possibilidade de isenções fiscais para a demonstração de práticas de *privacy by design*), uso estratégico de intervenção no campo financeiro (a possibilidade de linhas de crédito e de financiamento via BNDES para projetos deste porte) e promoção de "competições de desenvolvimento" e técnicas de *privacy by design*.

3.2. *Accountability* como elemento central dos novos sistemas de proteção de dados pessoais: da GDPR à LGPD

Ao estabelecerem metas[127] como de *privacy by design* aos agentes da cadeia de tratamento de dados, as novas leis de proteção de dados pessoais apostam, cada vez mais, na colaboração de quem está prototipando produtos e serviços para mitigar os riscos das suas próprias atividades. Em vez de toda e qualquer atividade de tratamento de dados ser notificada às autoridades fiscalizadoras,[128] hoje a regulação europeia só exige algum tipo de comunicação quando tal atividade atrai um risco elevado para os titulares dos dados. Todo o sistema é calibrado por esse voto de confiança e por uma série de ferramentas pelas quais os agentes de tratamento de dados demonstram a eficácia das medidas tomadas para que estejam em conformidade com as regras de proteção de dados pessoais.

---

126 BIONI, Bruno. Como o Brasil pode inovar na proteção de dados pessoais. Valor Econômico, 20 mar. 2017.

127 GELLERT, Raphaël, *Understanding the risk-based approach to data protection: An analysis of the links between law, regulation, and risk*, Vrije University Brussel, Bruxelas, 2017.

128 Veja, por exemplo, a obrigação de notificação de qualquer atividade de tratamento de dados pessoais às autoridades europeias na antiga diretiva de proteção de dados pessoais, a qual deixou de existir no novo regulamento europeu (artigo 18 da Diretiva 95/46/EC).

Uma das principais ferramentas são os chamados relatórios de impacto à proteção de dados pessoais,[129] pelo qual o controlador – quem tem poder de tomada decisão na cadeia de tratamento de dados – deve obrigatoriamente executá-los quando houver um *alto risco em jogo*. A regulação europeia, além de trazer uma lista exemplificativa dessas situações, exige que os órgãos fiscalizadores sejam comunicados apenas quando o próprio agente econômico não encontrar meios de mitigar os prováveis malefícios da sua respectiva atividade, devendo nesse caso aguardar "luz verde" da autoridade para seguir em frente. Portanto, diferentemente da diretiva, onde qualquer atividade deveria ser comunicada, a GDPR estabelece um regime totalmente novo de reunião de informação, cujo gargalo é torneado por quem está com as mãos nos dados. Os "considerandos" do regulamento deixam clara essa mudança da mentalidade regulatória:

> "(89) Diretiva 95/46/EC estipulava a obrigação geral de notificar o tratamento de dados para as autoridades supervisoras (...) essas notificações gerais indiscriminadas devem ser abolidas, sendo substituídas por procedimentos e mecanismos efetivos com foco em quais tipos de operações são de alto risco para os direitos e liberdades fundamentais (...) ao envolver o uso de novas tecnologias"
> "(84) (...) quando um relatório de impacto à proteção de dados pessoais indicar que o tratamento envolve um alto risco, o qual não pode ser mitigado por meio de medidas adequadas em acordo com a tecnologia disponível e os custos de implementação, uma consulta à autoridade de proteção de dados deve ser realizada antes do processamento de dados."

Nessa mesma linha, códigos de boas condutas e certificações seriam outras ferramentas pelos quais os agentes de tratamento

---

129 WRIGHT, David; DE HERT, Paul (Orgs.), *Privacy Impact Assessment*, Dordrecht: Springer Netherlands, 2012.

de dados demonstrariam ser responsivos às regras de proteção de dados pessoais. Respectivamente, pares de um mesmo setor verticalizariam normas transversais às realidades e desafios dos seus respectivos setores[130], e haveria ainda terceiros imparciais, que certificariam[131] os programas corporativos de privacidade das demais diversas organizações. Todos esses mecanismos seriam um cardápio de opções à disposição dos agentes de tratamento de dados pessoais para demonstrar suas aderências às normas de proteção de dados pessoais, o que deveria ser obrigatoriamente contabilizado na imposição de qualquer penalidade como resultado das ações de fiscalização.[132]

Na linha da GDPR, a lei brasileira também previu o princípio específico da *accountability*,[133] relatórios de impacto à proteção de dados pessoais,[134] selos[135] e códigos de boas condutas.[136] Tudo

---

130 Consideranda 98 da GDPR.

131 Consideranda 77 da GDPR.

132 O Regulamento Europeu de Proteção de Dados ressalta que a fixação das penalidade deve levar em consideração as medidas técnicas e organizacionais implementadas para evitar o dano, especificamente *privacy by design* e padrões de segurança da informação, bem como a aderência à códigos de boas condutar e selos (Artigo 83, "d" e "j", da GDPR).

133 Artigo 6º, X - responsabilização e prestação de contas: demonstração, pelo agente, da adoção de medidas eficazes e capazes de comprovar a observância e o cumprimento das normas de proteção de dados pessoais e, inclusive, da eficácia dessas medidas.

134 Artigo 5º, XVII - relatório de impacto à proteção de dados pessoais: documentação do controlador que contém a descrição dos processos de tratamento de dados pessoais que podem gerar riscos às liberdades civis e aos direitos fundamentais, bem como medidas, salvaguardas e mecanismos de mitigação de risco;

135 Artigo 33, I, "d"

136 Artigo 50: Os controladores e operadores, no âmbito de suas competências, pelo tratamento de dados pessoais, individualmente ou por meio de associações, poderão formular regras de boas práticas e de governança que estabeleçam as condições de organização, o regime de funcionamento, os procedimentos, incluindo reclamações e petições de titulares, as normas de segurança, os padrões técnicos, as obrigações específicas para os diversos envolvidos no tratamento, as ações educativas, os mecanismos internos de supervisão e de mitigação de riscos e outros aspectos relacionados ao trata-

isso pode dar roupagem à "boa-fé" dos agentes de tratamento de dados pessoais, o que deve calibrar a imposição de eventuais penalidades.[137] Há, no entanto, uma diferença significativa entre tais legislações e que decorre do próprio tipo de técnica legislativa de uma lei, mais geral, em relação a um regulamento, mais prescritivo. A legislação brasileira *não procedimentaliza minimamente* como tais mecanismos deveriam ganhar vida, deixando tudo isso para posterior regulação por parte da Autoridade Nacional de Proteção de Dados Pessoais. Ao contrário, o regulamento europeu sistematiza todos eles em capítulos próprios e, em particular no caso dos relatórios de impacto à proteção de dados pessoais, já aponta em quais casos são obrigatórios e em que momento deve-se estabelecer conversas regulatórias com o órgão fiscalizador.

Apesar, portanto, de um sistema de corregulação, através do princípio da *accountability*, ser uma tendência que aproxima o modelo brasileiro do europeu, deve-se ter em mente a diferença em torno não só da estrutura normativa em questão, mas também, principalmente, dos contextos socioeconômicos que serão aplicados.

Há, por fim, uma diferença *cultural* que deve ser levada em conta. As pressões em Bruxelas para que a GDPR tivesse um grande foco em *accountability* - que podemos traduzir como processos de documentação, transparência e responsabilização - foram mobilizadas por parlamentares de países onde a cultura regulatória de transparência e colaboração é grande, como Holanda, Bélgica e Reino Unido. Em países como Brasil, a simples transferência e importação de regras de *accountability* pode não resultar no efeito esperado por, pelo menos, três fatores: (I) a ausência de uma tradição de regulação focada em *accountability*, mas muito focada em regulação do tipo "comando e controle", por agências integrantes da administração pública, (II) uma desconfiança, por parte do setor privado, sobre as reais capaci-

---

mento de dados pessoais.

137 Artigo 52, § 1º, II e IX, da LGPD.

dades de colaboração e de *expertise* técnica por parte do regulador, e (III) a inexistência de criação da Autoridade Nacional de Proteção de Dados Pessoais, que tem como missão a criação de uma cultura de corregulação e de uso variado de técnicas de regulação (dosando a abordagem de "cenoura", de geração de estímulos, e de "porrete", focada na sanção e punição)[138].

3.3. Avaliações de impacto: tecnocracia ou possibilidade de participação?

Por fim, como dito anteriormente, uma das tendências no campo regulatório com relação à proteção de dados pessoais é a definição de um sistema de documentação e de mitigação de riscos, inspirados na cultura regulatória ambiental (e os *Enrivonmental Impact Assessment*), cristalizados na obrigação de produção de "avaliações de impacto à proteção de dados pessoais".

Essa "laboriosa tarefa de avaliação de risco pelos controladores", na expressão de Claudia Quelle, funciona como uma espécie de *outsourcing* da tarefa regulatória, colocando ao setor privado a tarefa de avaliação do (I) tipo de tratamento de dados em questão, (II) uso de novas tecnologias, (III) anatureza e o escopo do tratamento, (IV) se há possibilidade de tal tratamento resultar em alto risco com relação às "liberdades da pessoa natural".

No debate contemporâneo sobre o uso das "avaliações de impacto à proteção de dados pessoais" há diferentes interpretações sobre quão efetivo pode ser esse instrumento para a contenção de violações aos direitos coletivos e para um real conhecimento, por parte da população, sobre como funcionam as técnicas avançadas de *profiling* e análise preditiva baseada em dados. De um lado, juristas como Paul de Hert, David Wright e Vagelis Pa-

---

138 A expressão é utilizada pelo jurista Diogo Coutinho. Ver: COUTINHO, Diogo. A universalização do serviço público para o desenvolvimento como uma tarefa da regulação, in: SALOMÃO, Calixto (org.), *Regulação e Desenvolvimento*. São Paulo: Malheiros, 2002.

pakonstantitnou enxergam nas avaliações de impacto uma aposta positiva de maior documentação, de internalização de riscos por parte do setor privado e de possibilidade de coleta de informações por parte das autoridades de proteção de dados pessoais.[139] Juristas como Claudia Quelle e Maria Eduarda Gonçalves, por outro lado, apontam que esse tipo de tecnicismo pode gerar uma interpretação errônea de uma "regulação baseada em riscos", típica do sistema financeiro, colocando em segundo plano a ideia de que o risco serve apenas como instrumento de calibração sobre as obrigações por parte do controlador, sendo essencial a manutenção da linguagem da proteção de dados pessoais como um sistema de proteção de direitos fundamentais.[140]

Em outro extremo, juristas como o italiano Alessandro Mantelero apontam que o formato atual das avaliações de impacto, ao menos no formato definido pela GDPR, são excessivamente técnicas e fechadas em uma relação de documentação entre controlador e autoridade, sendo necessário repensar o papel que a sociedade civil e as entidades especializadas podem ocupar na própria *elaboração participativa* das avaliações de impacto, fazendo com esse processo "inclua as várias partes envolvidas e mecanismos de representação dos interesses coletivos afetados por atividades específicas de tratamento de dados"[141].

No Brasil, o sistema de avaliação de impacto também foi adotado pela Lei Geral de Proteção de Dados Pessoais. O cha-

---

139 DE HERT, Paul; PAPAKONSTANTINOU, Vagelis, The new General Data Protection Regulation: still a sound system for the protection of individuals?, *Computer Law & Security Review*, 32, p. 179, 194, 2016. WRIGHT, David; DE HERT, Paul (Orgs.), *Privacy Impact Assessment*, Dordrecht: Springer Netherlands, 2012.

140 GONÇALVES, Maria Eduarda, The EU data protection reform and the challenges of Big Data, *Information & Communications Technology Law*, 26, 2, p. 90-115, 2017. QUELLE, Claudia, The risk revolution in EU data protection law: we can't have our cake and eat it too, in: LEENES, Ronald *et al*, *Data Protection and Privacy: the age of intelligent machines*, Springer, 2017, p. 33-62.

141 MANTELERO, Alessandro. Personal data for decisional purposes in the age of analytics: from an individual to a collective dimension of data protection, *Computer Law & Security Review*, 32, 2, p. 238-255, 2016.

mado "relatório de impacto à proteção de dados" é definido como "documentação do controlador que contém a descrição dos processos de tratamento de dados pessoais que podem gerar riscos às liberdades civis e aos direitos fundamentais, bem como medidas, salvaguardas e mecanismos de mitigação de risco" (artigo 5º, XVII). No entanto, ele não é obrigatório para atividades de alto risco, como definido na legislação europeia. Em termos práticos, isso implica dizer que o modelo brasileiro funciona como uma espécie de *documentação posterior*, que se torna obrigatória somente quando houver pedido expresso por parte da Autoridade Nacional de Proteção de Dados Pessoais. O artigo 38 diz que "a autoridade nacional poderá determinar ao controlador que elabore relatório de impacto à proteção de dados pessoais, inclusive de dados sensíveis, referente a suas operações de tratamento de dados, nos termos de regulamento, observados os segredos comercial e industrial". Há regra semelhante quando o controlador utiliza a hipótese de *legítimo interesse* para tratamento dos dados.[142] Nesse caso, poderá a Autoridade "bater à porta" do controlador e exigir que o mesmo elabore, em certo prazo, a referida documentação.[143]

---

142 Art. 10. O legítimo interesse do controlador somente poderá fundamentar tratamento de dados pessoais para finalidades legítimas, consideradas a partir de situações concretas (...)
§ 3º A autoridade nacional poderá solicitar ao controlador relatório de impacto à proteção de dados pessoais, quando o tratamento tiver como fundamento seu interesse legítimo, observados os segredos comercial e industrial.
143 Já se argumentou no Brasil, em diversas ocasiões e por diferentes autores, que há uma tendência de se debater poluição de dados e avaliações de impacto. "De certo modo, falar de 'dados pessoais' é também falar de ambiente, de direitos humanos e de trabalho. Nosso ambiente 'natural' estará cada vez mais integrado com o 'digital', especialmente em um contexto de Internet das Coisas. Será difícil separar a natureza de nossos artefatos em um cenário de 'inteligência ambiental'. As cidades do futuro terão integração de dispositivos e sensores com sistemas inteligentes de energia, irrigação e controle de poluição, alimentados ou não pela atuação humana. Nessa reinvenção do ambientalismo, ganha força o debate sobre poluição de dados e avaliações de impacto". LEMOS, Ronaldo; DOUEK, Daniel;

Como consequência, a mensagem que se passa é que a avaliação de impacto é uma *possibilidade*, mas não uma obrigação regulatória. Não há, também, mecanismos definidos de construção participativa desses relatórios, sendo muito distante o horizonte imaginado por Alessandro Mantelero e outros críticos. Está em aberto a possibilidade de uma inclusão participativa por mecanismos autorregulatórios (as próprias empresas definirem processos de discussão e de participação para elaboração dos relatórios) e da criação de uma espécie de rede social de controle e monitoramento, capaz de discutir publicamente como esses relatórios são criados, com quais metodologias e quais instrumentos de verificação de como liberdades civis e direitos fundamentais são afetados por atividades de tratamento de dados.[144] Esse é um trabalho que, em tese, pode ser desenvolvido por centros de pesquisa e organizações civis como Idec, InternetLab, Coding Rights, Instituto Iris e outros integrantes da Coalizão Direitos na Rede,[145] bem como outras organizações da sociedade civil que integram o campo dos "direitos digitais".

Conclusão

A formulação de instrumentos regulatórios e princípios de justiça à proteção de dados pessoais data de mais de meio século e

---

LANGENEGGER, Natalia; ZANATTA, Rafael. *O dia internacional da proteção de dados pessoais*, Jota, 25/01/2019. Disponível em: https://www.jota.info/opiniao-e-analise/artigos/dia-internacional-da-protecao-de-dados-pessoais-28012019

144 Essas possibilidades foram discutidas em texto de um dos autores. Ver ZANATTA, Rafael. *Regulatory Studies, Post-Normal Science and Personal Data Protection: rethinking complexity and uncertainty in the 21st century*, Paper prepared for the course New Legal Theories, University of São Paulo Faculty of Law, 2018. Disponível em: https://www.researchgate.net/publication/327433867_Regulatory_Studies_Post-Normal_Science_and_Personal_Data_Protection_rethinking_complexity_and_uncertainty_in_the_21st_century

145 https://direitosnarede.org.br/

apresenta uma tendência de convergência, apesar de existirem claras distinções e opções jurídicas e políticas em regiões como Estados Unidos e União Europeia. Apresentamos, neste texto, como se deu a formulação dos F*air Information Practices Principles* nos EUA e como uma preocupação voltada às limitações dos poderes governamentais foi transporta ao setor privado, por meio de uma estrutura de fiscalização e repressão colocada em prática pela Federal Trade Commission. Os países europeus, por outro lado, valeram-se da formulação destes princípios para avançar uma estratégia regional de harmonização jurídica, impulsionada pelos trabalhos técnicos da Comissão Europeia e da OCDE e por uma forte cultura de afirmação de direitos fundamentais e constituição da proteção de dados pessoais como um direito autônomo e distinto do direito à privacidade.

Demos destaque à inter-relação entre direito e política tanto na experiência estadunidense das últimas décadas quanto na rica experiência europeia, em especial o esforço de criação de novos direitos e instrumentos regulatórios por meio da General Data Protection Regulation (GDPR). Como sustentado, a estratégia europeia deve ser lida também por uma lente geopolítica de constituição de um "mercado europeu único" e de aplicação extraterritorial de suas normas, gerando uma espécie de "modelo de exportação" para outros países. Sem dúvidas, a União Europeia tem como pretensão criar um modelo jurídico de referência para a proteção de dados pessoais, fundamentado em fortes obrigações aos controladores, novos direitos aos titulares de dados, processos de *accountability* e fiscalização técnica por meio das Autoridades Nacionais de Proteção de Dados Pessoais.

Apontamos três tendências jurídicas dominantes e seus desafios ao Brasil, para além da já criada Lei Geral de Proteção de Dados Pessoais (Lei 13.709/2018). Primeiro, a construção de incentivos e de uma cultura adequada de *privacy by design*. Segundo, o fortalecimento de uma cultura de documentação, transparência e responsabilização, fundamentada em uma espécie de "regulação colaborativa" por meio da Autoridade Nacional de Proteção de Dados Pessoais. Terceiro, a possibilidade de que as avaliações de impacto fujam de uma perspectiva tecnocrata e fechada entre empresas e autoridades, fortalecendo uma cultura cívica participativa e de maior compreensão sobre os "detalhes internos" de funcionamento de um capitalismo dadocêntrico. Esperamos que esse guia sirva de incentivo a mais pesquisas e ações práticas nesta área, reforçando o diálogo entre juristas e economistas que se mostra cada vez mais necessário para dimensionarmos a nova lógica econômica e regulatória em questão.

Referências Bibliográficas:

ABRAMOVAY, Ricardo. Aos dados, cidadãos!, *Revista Quatro Cinco Um*, São Paulo, abril de 2018.

ABRAMOVAY, Ricardo. Sociedade da vigilância em rede, *Revista Quatro Cinco Um, São Paulo*, março de 2019.

ALBRECHT, Jan Philipp. How the GDPR will change the world. *European Data Protection Law Review*, v. 2, p. 287, 2016.

ARRIETA IBARRA, Imanol et al. Should We Treat Data as Labor? Moving Beyond'Free'. *American Economic Association Papers & Proceedings*, v. 1, n. 1, 2017.

BENIGER, James. *The control revolution: Technological and economic origins of the information society.* Harvard university press, 2009.

BING, Jon. The Council of Europe Convention and OECD Guidelines on Data Protection. *Michigan Legal Studies*, v. 5, p. 271, 1984.

BIONI, Bruno Ricardo, A produção normativa a respeito da privacidade na economia da informação e do livre fluxo informacional transfronteiriço, in: *Direitos e novas tecnologias: XXIII Encontro Nacional do Conpedi*, Florianópolis: Conpedi, 2014, v. 1, p. 59–82.

BIONI, Bruno Ricardo, Ecologia: uma narrativa inteligente para a proteção de dados pessoais nas cidades inteligentes, in: BARBOSA, Alexandre F. (Org.), *Pesquisa sobre o uso das tecnologias de informação e comunicação no setor público brasileiro: TIC governo eletrônico 2017*, São Paulo: Comitê Gestor da Internet, 2018, p. 53–62.

BIONI, Bruno Ricardo, Entre linhas de Código e de Fábrica: o que a GDPR tem a ver com o ex-presidente americano John F. Kennedy?, *GEN Jurídico*, Junho de 2018.

BIONI, Bruno. Como o Brasil pode inovar na proteção de dados pessoais. Valor Econômico, 20 mar. 2017.

BIONI, Bruno Ricardo, *Proteção de Dados Pessoais: a função e os limites do consentimento*, Rio de Janeiro: Forense, 2019.

BLUM, Rita Peixoto. *O direito à privacidade e à proteção de dados pessoais*. São Paulo: Almedina, 2018.

COUTINHO, Diogo. A universalização do serviço público para o desenvolvimento como uma tarefa da regulação, in: SALOMÃO, Calixto (org.), *Regulação e Desenvolvimento*. São Paulo: Malheiros, 2002.

DE HERT, Paul; PAPAKONSTANTINOU, Vagelis, The new General Data Protection Regulation: still a sound system for the protection of individuals?, *Computer Law & Security Review*, 32, p. 179, 194, 2016.

DONEDA, Danilo. Um código para a proteção de dados pessoais na Itália. *Revista Trimestral de Direito Civil*, Rio de Janeiro, v. 16, p. 117, 2003.

EVANGELISTA, Rafael. Capitalismo de Vigilância no Sul Global: por uma perspectiva situada, in: *5º Simpósio Internacional LAVITS*, Santiago, Chile, 2017, p. 243-253.

EUROPEAN COMMISSION, *Communication from the Commission to the European Parliament, the Council, the Economic and Social Committee and the Committee of the Regions*, "A comprehensive approach on personal data protection in the European Union", Brussels, 2010.

EUROPEAN COMMISSION, *A comprehensive reform of data protection rules to increase users' control of their data and to cut costs for businesses*, EC: Brussels, 2012.

EUROPEAN COMMISSION, *Progress on EU data protection reform now irreversible following European Parliament vote*, EC: Strasbourg, 2014.

FELDMAN, Sheldon. The Fair Credit Reporting Act-From the Regulators Vantage Point. *Santa Clara Lawyer*, v. 14, p. 459, 1973.

FLORIDI, Luciano, *The 4th revolution: how the infosphere is reshaping human reality*, Oxford: Oxford Univ. Press, 2014.

GELLERT, Raphaël, *Understanding the risk-based approach to data protection: An analysis of the links between law, regulation, and risk*, Vrije University Brussel, Bruxelas, 2017.

GELLMAN, Robert, *Fair Information Practices: A Basic History*, Rochester, NY: Social Science Research Network, 2017.

GONÇALVES, Maria Eduarda, The EU data protection reform and the challenges of Big Data, *Information & Communications Technology Law*, 26, 2, p. 90-115, 2017.

GONZÁLEZ FUSTER, Gloria, *The emergence of personal data protection as a fundamental right of the EU*, Cham: Springer, 2014.

HILDEBRANDT, Mireille; TIELEMANS, Laura. Data protection by design and technology neutral law. *Computer Law & Security Review*, v. 29, n. 5, p. 509-521, 2013.

HOOFNAGLE, Chris Jay. *Federal Trade Commission Privacy Law and Policy*. Cambridge University Press, 2016.

IANSITI, Marco; LAKHANI, Karim R. Digital ubiquity: How connections, sensors, and data are revolutionizing business. *Harvard Business Review*, v. 92, n. 11, p. 19, 2014.

KERSON, D. L. A. The European Convention for the protection of human rights and fundamental freedoms. *California Law Review*, v. 49, p. 172, 1961.

LEMOS, Ronaldo. É preciso plano de inteligência artificial, *Folha de São Paulo*, 04/02/2019.

LEMOS, Ronaldo; DOUEK, Daniel; LANGENEGGER, Natalia; ZANATTA, Rafael. O dia internacional da proteção de dados pessoais, *Jota*, 25/01/2019.

LESSIG, Lawrence. The constitution of code: limitations on choice-based critiques of cyberspace regulation. *CommLaw Conspectus*, v. 5, p. 181, 1997.

LEVIN, Mariam. *Cultures of Control*. Amsterdam: Harwood Academic Publisher, 2000.

MACENAITE, Milda, The "Riskification" of European Data Protection Law through a two-fold Shift, *European Journal of Risk Regulation*, v. 8, n. 03, p. 506–540, 2017.

MANTELERO, Alessandro. Personal data for decisional purposes in the age of analytics: from an individual to a collective dimension of data protection, *Computer Law & Security*

Review, 32, 2, p. 238-255, 2016.

MAYER-SCHONEBERGER, Viktor, Generational development of data protection in europe, in: AGRE, Philip; ROTENBERG, Marc (Orgs.), *Technology and privacy: the new landscape, 1st paperback ed.* Cambridge, Mass.: MIT Press, 1998, p. 219–242.

MOROZOV, Evgeny. *Big Tech: a ascensão dos dados e a morte da política*. São Paulo: Ubu Editora, 2018.

OECD, *Developments in Data Protection and Privacy by OECD Countries*, Survey from OECD'S Computer Utilization Group. Paris: OECD, 1975.

POWLES, Julia. Democracy: the film that gets behind the scenes of the European privacy debate, *The Guardian*, 14/11/2015.

QUELLE, Claudia, The risk revolution in EU data protection law: we can't have our cake and eat it too, in: LEENES, Ronald et al, *Data Protection and Privacy: the age of intelligent machines*, Springer, 2017, p. 33-62.

REDING, Viviane. The upcoming data protection reform for the European Union. *International Data Privacy Law*, v. 1, n. 1, p. 3-5, 2010.

REDING, Viviane. The European data protection framework for the twenty-first century. *International Data Privacy Law*, v. 2, n. 3, p. 119-129, 2012.

REGAN, Priscilla. *Legislating Privacy: technology, social values and public policy*. The University of North Carolina Press, 1995.

RICHARDS, Neil'; SOLOVE, Daniel. Prosser's Privacy Law: a mixed legacy, *California Law Review*, v. 98, 2010, p. 1888-1928.

RODOTÀ, Stefano, *Il diritto di avere diritti*, Roma; Bari: Laterza, 2013.

RODOTÀ, Stefano. *A vida na sociedade de vigilância: a privacidade hoje*. Tradução Danilo Doneda e Luciana Doneda. Rio de Janeiro: Renovar, 2008.

ROTENBERG, Marc. Fair information practices and the architecture of privacy (What Larry doesn't get). *Stanford Technology Law Review*, v. 44, 2001.

SPINA, Alessandro, *Laudato Si' and Augmented Reality - In Search of an Integral Ecology for the Digital Age*, Rochester, NY: Social Science Research Network, 2017.

SILVA, Nelson. Transformação digital: a 4. revolução industrial. *Boletim de Conjuntura da FGV*, n. 8, p. 15-18, 2018.

SOBEL, Lester A. (Ed.). *War on Privacy.* New York: Facts on File, 1976.

SOLOVE, Daniel; SCHWARTZ, Paul. *Information Privacy Law.* Sixth edition. New York: Wolters Kluwer, 2018.

SOLOVE, Daniel J.; HARTZOG, Woodrow. The FTC and the new common law of privacy. *Columbia Law Review*, v. 114, p. 583, 2014.

ULLMAN, Charles M. Liability of Credit Bureaus after the Fair Credit Reporting Act: the need for further reform. *Vill. L. Rev.*, v. 17, p. 44, 1972.

VAN DIJCK, Johana. Datafication, dataism and dataveillance: Big Data between scientific paradigm and ideology. *Surveillance & Society*, v. 12, n. 2, p. 197-208, 2014.

WESTIN, Alan F. The Wire-Tapping Problem: An Analysis and a Legislative Proposal. *Columbia Law Review*, v. 52, n. 2, p. 165-208, 1952.

WESTIN, Alan F.; RUEBHAUSEN, Oscar M. *Privacy and Freedom.* New York: Atheneum, 1967.

WESTIN, Alan. Social and Political Dimensions of Privacy, *Journal of Social Issues*, v. 59, 2003, p. 431-453.

WINNER, Langdon, Do Artifacts Have Politics?, *Daedalus*, v. 109, n. 1, p. 17, 1980.

WRIGHT, David; DE HERT, Paul (Orgs.), *Privacy Impact Assessment*, Dordrecht: Springer Netherlands, 2012.

ZANATTA, Rafael A. F., A proteção de dados pessoais entre leis, códigos e programação: os limites do Marco Civil da Internet, in: *Direito & Internet III: Marco Civil da Internet*, São

Paulo: Quartier Latin, 2015, v. 1, p. 447–470.

ZANATTA, Rafael. Regulatory Studies, Post-Normal Science and Personal Data Protection: rethinking complexity and uncertainty in the 21st century, *Paper prepared for the course New Legal Theories*, University of São Paulo Faculty of Law, 2018.